Fabián Costa
Veterano de Guerra

PRISIONERO 12

ASÍ COMENZÓ LA GUERRA DE MALVINAS

Prólogo: Horacio Bicain
Capitán de Fragata (R) - Veterano de Guerra
Comandante del Submarino A.R.A. Santa Fe

GRUPO
ARGENTINIDAD   COLECCIÓN MALVINAS

PRISIONERO 12

ASI COMENZO LA GUERRA DE MALVINAS

Fabián Costa
Veterano de Guerra

Soledad Malgor
Escritora

PRISIONERO 12
ASÍ COMENZÓ LA GUERRA DE MALVINAS

EDICIONES ARGENTINIDAD

Costa, Fabián
 Prisionero 12 : así comenzó la guerra de Malvinas / Fabián Costa ; adaptado por Soledad Malgor ; editado por Juan Francisco de Sousa ; fotografías de Serge Britez. - 1a ed . - Ciudad Autónoma de Buenos Aires : Argentinidad, 2018.
 152 p. ; 23 x 15 cm.

 ISBN 978-987-4191-11-3

 1. Historia. 2. Guerra. 3. Guerra de Malvinas. I. Malgor, Soledad, adap. II. de Sousa, Juan Francisco, ed. III. Britez, Serge, fot. IV. Título.
 CDD 997.11024

Diseño de cubierta: Romina A. Buffa

Ediciones Argentinidad
www.Argentinidad.com
ediciones@argentinidad.com

Título original: PRISIONERO 12
Copyright © Ediciones Argentinidad - Juan Francisco de Sousa.
Derechos exclusivos de edición reservados en todo el mundo.
Primera edición.

Queda hecho el depósito que establece la ley 11.723.

Impreso por VCR Impresores S.A.
Ciudad Autónoma de Buenos Aires, Argentina.

Libro de edición argentina.
Impreso en Argentina. Printed in Argentina.

No se permite la reproducción parcial o total, el almacenamiento, el alquiler, la transmisión o la transformación de este libro, en cualquier forma o por cualquier medio, sea electrónico o mecánico, mediante fotocopias, digitalización u otros métodos, sin el permiso previo y escrito del editor. Su infracción está penada por las leyes 11.723 y 25.446.

Las opiniones vertidas en este libro son las del autor y pudieran o no reflejar las de la editorial.

Gracias por permitirme escribir tu historia, espero la sientas honrada en cada palabra...

COLECCIÓN MALVINAS

La abundante literatura que se ha ido desarrollando sobre la Guerra de las Malvinas muestra el profundo y persistente interés que ha suscitado, la cual constituye la epopeya bélica más importante de Argentina durante todo el siglo XX. Los puntos de vista formulados para explicar el por qué, han concluido a posturas discrepantes. Muchos problemas han surgido como consecuencia de miradas ambiguas dentro de una misma sociedad. La finalidad de esta colección no consiste en formular una nueva postura ni en combinar varias posturas existentes en otra ecléctica, sino proporcionar un cuadro amplio y objetivo de las acciones llevadas a cabo una vez comenzada la guerra. En esta colección donde la mirada, sin cuestiones políticas, es recorrida por sus protagonistas de guerra, se expone con notable claridad y rigor las vivencias personales llevadas a cabo desde el mismo relato y el recuerdo de aquellos que lucharon, muchos de los cuales merecen, sin duda, la calificación de héroes.

La publicación de esta colección -mucho tiempo solicitada- da posibilidad al lector para recorrer estas obras de autores modernos, las cuales constituyen un homenaje a su memoria y un instrumento más vivo, con objeto de reunir el legado histórico de Malvinas. Este empeño se justifica primeramente por la importancia histórica y por la necesidad de seguir la misma a través de publicaciones. En este caso, una colección de conjunto constituye una necesidad y representa verdaderamente una aportación de ineludible valor, dándoles de esta suerte el rango y categoría que históricamente les pertenecen.

Lic. Juan Francisco de Sousa
GRUPO ARGENTINIDAD

PRÓLOGO

Por haber participado en algunos de los hechos que relata Fabián espero poder lograr objetividad en la introducción de esta narración del *Prisionero 12*, número asignado por las fuerzas británicas al conceder nuestra finalización como prisioneros de guerra y entregarnos a la Cruz Roja Internacional, que él recuerda como para titular ingeniosamente su libro, yo que soy mucho mayor que él no lo tengo presente.

Para un entonces adolescente de 18 años, con certeza el Benjamín de los que estábamos en las islas Georgias del Sur en 1982, todo lo inesperado que le tocó vivir lo marcó a fuego en aquel entonces y recién 35 años después, a sus 53, se decide a transmitir sus experiencias, valiosas por recibirlas de alguien que ni se imaginaba que se iba a enfrentar a un hecho bélico, que lo llevó adelante muy dignamente, no he leído ni conozco algo comparable sobre este tema.

Encuentro una llamativa memoria de los hechos, como sí hubiesen sucedido ayer, respetando con bastante precisión su cronología y detalles que hacen poner al lector en su lugar en aquel entonces, con las para él imprevistas situaciones, en forma amena, sin exageraciones, sin abrumar con redacciones extensas e innecesarias, con un lenguaje simple como para que resulte una lectura que atrape al lector. También señala claramente cuando hay algo que él podría haber escuchado, es testigo de ello, aunque por su presencia allí no se le podían comunicar órdenes o misiones de las fuerzas militares.

Por la participación de algunos de los personajes intervinientes en su experiencia, me refiero en particular a la presencia del entonces Teniente Astiz, podría haber explotado políticamente su relato para hacerlo sensible a cierta parte de la sociedad, pero no, mantuvo su objetividad y veracidad de sus recuerdos, no desviándose de su propósito que fue sacar de adentro todo lo que guardó durante tanto tiempo, según Fabián se lo debe a sus hijos, a su mujer, a la memoria de su padre, a su madre, pero agrego que principalmente se lo debía a él mismo.

Lo conocí en la última parte, cuando ya estábamos prisioneros, me llamó la atención su juventud y la forma adulta de su comportamiento, su relato de estas circunstancias es muy real, coincidente con lo que recuerdo, como manifesté anteriormente con gran dignidad; en mi tripulación tenía algunos hombres de edad muy poco mayor que Fabián, pero preparados para la guerra, para el combate. Eso me permite valorar mejor la conducta del autor en condiciones sumamente críticas, que en nada se diferenciaron con el comportamiento del autor, con el resto de los prisioneros.

Destacable su espíritu de compromiso con los objetivos nacionales, su voluntad para colaborar con tareas de todo tipo, contribuyentes inclusive a las acciones militares, sin tener preparación específica pero con un entusiasmo poco común en los adolescentes de aquel entonces.

Para cerrar esto recomiendo a *Prisionero 12* como una lectura testimonial de un hecho real, se encontrarán con una experiencia en algunas partes conmovedoras por los peligros ciertos o potenciales, pero refleja aspectos de la crueldad de la guerra. Sí bien lo veo de interés para público en general lo considero importante para los jóvenes de 18 años que se encontrarán con algo que difícilmente les suceda, relatado en primera persona por quien tuvo que superarlas, puede ser una enseñanza de situaciones sumamente críticas.

Capitán de Fragata (R) VGM Horacio Bicain
Comandante Submarino ARA Santa Fe

INTRODUCCIÓN

En el 2017 se cumplieron 35 años de la guerra de Malvinas.

Todos los que estuvimos ahí hemos aprendido a vivir con ella desde que empezó. Si bien la guerra terminó, sus consecuencias sociales, emocionales o físicas siguen presentes en nosotros.

Muchas veces intenté escribir mi historia, pero siempre por un motivo u otro quedó frustrado. Es tan difícil a veces encontrar las palabras justas para expresar lo que uno siente que los intentos que tuve, fueron tan cortos que no pasaban de unas pocas líneas.

Lo que más me interesaba era que mis hijos, mis amigos y mi familia supiesen lo que viví, ya que es algo que aunque parezca mentira pocas veces hablé. Tal vez se pregunten por qué... Bueno, supongo fueron varios motivos según fueron pasando los años. Pero el punto es que al principio el aparato de inteligencia de Argentina cuando llegamos nos prohibió hacerlo, incluso nos advirtieron que seríamos acusados de traición a la patria en caso de no obedecer. El tiempo pasó y simplemente me fui acostumbrando a no hablarlo, a pensar que tal vez a nadie le interesaba. En fin, hace muy poco tiempo que tímidamente he comentado alguna que otra anécdota como al pasar a mis amigos. Y es muy difícil hacerlo sin que me emocione hasta las lágrimas. En abril del año 2016 mi hija Manuela me dice que en el colegio le habían pedido que les hiciera un resumen de mi experiencia en Malvinas. Lo hice y ahí comenzó todo. Ahí me di cuenta que estaba listo. Y sobre todo que era una necesidad que mis seres queridos supieran lo que viví. Remover fibras tan íntimas, intensas y dolorosas nunca es fácil, siento que ha llegado el momento de hacerlo, de ayudar a curar esas antiguas y presentes heridas. Llegó el día de liberar todo, dejar que fluya y sobre todo sanar el alma.

A partir de ese trabajo que presentó mi hija de tan solo un puñado de hojas que abreviaban al máximo mi experiencia, decidimos comenzar con este sueño del libro.

Buscando las preguntas que pudieran dar el mayor lujo de detalles en sensaciones, descripciones, las emociones vividas, fue que poco a poco le dimos forma a esta historia. Tratando de viajar a ese momento, y tratando de escribir lo más fiel posible interpretando de la mejor manera lo que sentí. Tal vez este libro demoró todos estos años, porque debíamos encontrarnos para llevarlo a cabo. O tal vez era parte de una de las tantas misiones que debemos hacer en nuestras vidas. Eso sí queremos buscarle una parte mas mística. No lo sabemos. Lo único que podemos decir es que lo logramos. Que la satisfacción de ambos es única, especial y que sin duda alguna es una parte muy importante de nuestra historia juntos. Ninguno de los dos es escritor, solo volcamos esa conexión especial en poder sentir empatía con el otro. Y haber podido interpretar y lograr transmitirlo por escrito de algo que sucedió hace tanto tiempo. Mientras uno recordaba y lo revivía, el otro podía casi sentirlo propio, sufrirlo, llorarlo, vivenciarlo. Pero lo más importante es haber podido plasmarlo para que pueda conocerse esta otra parte de la historia. Una parte que no ha sido contada hasta ahora.

El lugar que elegimos para escribir este libro fue Santa Bárbara, un lugar que es muy especial para nosotros, no solo porque es donde comenzó nuestra historia juntos. Sino porque amamos estar ahí.

Nos llevó alrededor de un año terminarlo, no siempre estábamos inspirados ambos ya sea con ganas de recordar, o con ganas de escribir. Los recuerdos muchas veces me resultaban incómodos y me rehusaba a revivir sensaciones de aquella época. Fueron muchas horas de largas historias, y anécdotas. El ejercicio de recordar hizo también que me diera cuenta de cosas que en ese entonces ya sea por mi edad o por estar inmerso en una situación límite, no lograba ver. Discutimos algunas veces por no poder entender o por no encontrar las palabras justas. Un *Jack Daniels* nos acompañó ciertas ocasiones y eso profundizaba también la emoción de evocar aquellos tiempos y la sensibilidad para escribir. Las noches parecían cortas y el amanecer nos encontraba casi siempre escribiendo. Pero qué momento inolvidable es el del punto final, leerlo y al mirarnos poder decir: "lo terminamos".

Hoy me emociona mucho haberle dado el manuscrito a mi madre. Por primera vez en 35 años supo mi historia. Como imaginarán era un debe de los más profundos.

Y por otro lado es un homenaje a mi viejo, desde donde esté, debe estar festejando este momento. Este libro también lo tiene protagonista. El guardó secretos frente a toda la familia como por ejemplo mi verdadera ubicación. O sabiendo que las cartas que me escribían nunca llegarían a mis manos. Entiendo lo culpable que debe haberse sentido tantas veces. Aprovecho este libro como un medio más para darle otro abrazo como el que nos dimos cuando regresé, y como tantos que le hubiese dado cuando estuve a miles de kilómetros de casa, y me sentí tan solo y vulnerable.

Fuimos parte de una operación secreta conocida como OPERACIÓN ALFA. Planificada por más de un año, y utilizándonos a nosotros para que hiciéramos el desembarco civil y luego sumarse los militares. Conoceríamos la verdad días después de estar en la isla.

Esto es lo que viví y sentí en Georgias en mis días como prisionero.

Capítulo 1
ZARPAMOS

Todos tenemos momentos en la vida que son un antes y un después, que nos marcan de diversas maneras a nosotros y a quienes nos rodean para siempre... De hecho como una vez leí: "las cosas inesperadas son las que cambian nuestras vidas". Creo que es la frase que mejor representa este periodo de todos los que de diferentes maneras fuimos parte de la historia Argentina en la Guerra de Malvinas.

El 12 de marzo de 1982, en la dársena sur me encontraba embarcando en el A.R.A. *Bahía Buen Suceso*. Nunca imaginé en ese momento el cambio de rumbo que tomaría este viaje. Estaba zarpando junto a mi padre para desarmar unas factorías de ballenas ubicadas en tres puertos de Georgias del Sur: Puerto Stromness, Puerto Leith, y Puerto Husvik. Cómo podía siquiera suponer que en vez de ir hacia ese trabajo, estaba embarcando para ser parte de la *Operación Alfa* cuya misión era ocupar Georgias formando una población estable compuesta por militares y civiles para luego negociar la soberanía de las islas con Inglaterra.

La hora de partida estaba prevista a las 15:00 hs, pero todo comenzó a demorarse. De pronto el personal de Prefectura y Marina suben a bordo, nos ordenan descender a todos del buque por una amenaza de bomba quedando solamente ellos y el capitán. Estuvieron revisando por horas hasta que confirmaron que había sido una falsa alarma.

Volvimos a embarcar, y alrededor de medianoche partíamos hacia Georgias.

Seis días nos separaban de nuestro destino. Siempre recordaré mis tardes en sentado en la cubierta mirando la inmensidad del océano. Inmerso en vaya a saber cuántos pensamientos en ese vaivén que nos mecían las olas. Recuerdo que *Peperina* de *Seru Giran* y los *Rolling Stones* eran mi compañía a través de mis walkman. Me llevaba granadina con soda (pues no tomaba alcohol delante de mi viejo). Salvo cuando algún amigo me adulteraba la bebida con un chorrito de vodka.

El atardecer era mi momento preferido, de hecho hasta hoy en día sigue siéndolo. Conforme el tiempo pasaba y más nos alejábamos del continente fui viendo el cambio del color del agua. Poco a poco con el paso de las millas, el tono amarronado del Río de la Plata se fue convirtiendo en verde esmeralda. Cada día, cada hora me regalaba paisajes diferentes. Nunca me aburrí, todo lo contrario, estaba esperando cada instante con la curiosidad que uno recibe un regalo. Al llegar a la parte del océano profundo el azul es tan oscuro que parece negro. La estela que va dejando el barco es muy pero muy blanca sin embargo la parte del agua que no tiene esa espuma es inmensamente oscura por su profundidad. Un atardecer que jamás olvidare fue cuando una manada de delfines nos estaba escoltando. Saltaban a nuestro lado como si fuera un juego para ellos y nos acompañaron por varios kilómetros. Un poco más lejos del barco pero también prestándonos mucha atención estaban las ballenas.

La naturaleza tiene infinitas formas de mostrarnos no solo su belleza sino también lo maravillosa que es. Y me probaba a cada rato que siempre puede sorprendernos en el momento menos esperado. Por momentos nos hace sentir tan pequeños, tan indefensos, y las olas de 15 metros que por lo general hay en el Cabo de Hornos es una de ellas. Para ejemplificar el tamaño de las mismas, es como si un edificio de 7 pisos se nos viniera encima.

Pero nosotros tuvimos la increíble suerte que cuando pasamos por ahí, el mar parecía aceite. Ninguno de los oficiales de cubierta y los marineros podían creer la tranquilidad del agua. Yo lo agradecí infinitas veces.

Los días en alta mar combinaban mis momentos de soledad con las charlas en el bar del buque a la hora del atardecer. Todos los días conocía a alguien nuevo con quien mantenía las clásicas conversaciones que uno tiene cuando comparte con un grupo de gente que no conoce. Al menos eso nos hacía pasar el rato y ayudaban a hacer más llevadero el largo viaje. Hubo días de mar agitado, donde el buque moviéndose de un lado a otro lograba que varios terminaran descompuestos y un par de ellos nunca pudo salir de su camarote. Malestar que por suerte nunca sufrí.

En los primeros tres días en alta mar nunca vimos al capitán del barco, no salía de su camarote ni siquiera para comer con el resto de la tripulación. Por supuesto nos llamaba la atención, pero nadie parecía tener respuesta a dicha actitud. La noche del 3er día fuimos citados por él al Casino de Oficiales: mi padre, los dos dueños de la empresa que desarmaría las factorías de ballenas y yo.

Sus primeras palabras respondieron de inmediato la pregunta que todos nos habíamos hecho por su ausencia durante este tiempo:

"Estos días estuve todo el tiempo encerrado porque tenía mucho en que pensar y debía encontrar las palabras indicadas para transmitírselo."

Con una expresión que lo hacía ver muy preocupado, nos informa que tenía órdenes de la Marina:

Primero hacer una maniobra de oscurecimiento. Segundo no hacer aduana en el puerto de Grytviken (capital de la isla) pues dado que era un territorio Argentino no correspondía. Tercero dirigirse directamente al lugar que se había designado para amarrar y dejar todas las herramientas y maquinarias para el trabajo que íbamos a realizar. Y en 24 horas el buque debía emprender el regreso a Buenos Aires.

—"Se está gestando una reivindicación de la Patria", -nos dice- , "una vez que me vaya será la Marina quien seguirá en contacto con ustedes."—

Nos entrega una caja de madera que contenía una bandera Argentina, dándonos la orden que debía ser izada en el momento que hayamos desembarcado. Da por finalizada la reunión al grito de "¡Viva la Patria!".

A continuación fuimos todos al comedor donde nos acompaña por primera vez. Quería el mínimo contacto posible con todos. No quería involucrarse ni que le preguntaran sobre el tema. Lo que indicaba que la información que podía dar era muy escueta.

En ese momento no tenía la menor idea del plan en el que sin querer éramos parte.

A partir de ahí se cambia de rumbo y se toman aguas internacionales para evitar cualquier cruce o encuentro que pudiese suceder con ingleses. Eso hizo también que nunca pasáramos por Malvinas como en algún momento habíamos creído, sino que fuéramos directamente a Georgias.

En este punto también el frío comenzó a estar presente de forma mucho más intensa.

Una de las noches fui a la cubierta de abajo, estaba un poco más protegida del viento. Mientras caminaba por ella desde la puerta de mi camarote a babor pude sentir lo que era estar rodeado por la inmensidad extrema del océano. La luna que apenas lograba iluminar por entre las nubes y la luz de las noctilucas en el agua era la única claridad que lograba ver. Todo el resto era negro. Todo el resto era un gigante de oscuridad que nos rodeaba. Me sentí que no éramos más que un punto diminuto sobre el océano, que se movía cabeceando y rolando sobre las olas. Para el océano éramos insignificantes. El olor del salitre que se siente en medio del mar no lo volví a sentir nunca. No en esa intensidad claro. Es tan fresco y tan limpio, hace que uno inspire con fuerza para llenar los pulmones de ese aire tan puro. Como si uno limpiara todo su sistema al hacerlo. Así volví a mi cama para dormir una noche más acompañado por el sonido de las bielas, el vibrar del cigüeñal y el movimiento constante al que ya me había acostumbrado del mar.

Al otro día la sorpresa fue el cambio del color del agua una vez más, que pasó a ser de un turquesa perfecto, no había ni una sola ola, y amanecimos con una niebla tan tupida que no se veía a 50 cmts. Los tripulantes tocaban la campana del buque y la bocina pues era la única manera de advertirles a otros que estábamos ahí. Se respiraba humedad y sentíamos como se mojaba nuestra ropa, nos dirigimos al casino de oficiales para resguardarnos. Ahí se generó una charla legal entre los directivos de la empresa de Davidoff (dueño de las factorías) y la empresa contratada para hacer el desarme de las mismas. Esta última insistía en hacer los trámites aduaneros con las visas correspondientes pensando que en caso de haber disputas entre los gobiernos involucrados, ellos pudiesen reclamar el cobro del contrato por parte de Davidoff. Y su representante legal insistía en quitarle importancia a la presentación formal de los documentos diciendo que todo estaría bien y que podrían realizar de todas maneras el trabajo.

La noche anterior a llegar a destino se hizo la maniobra de oscurecimiento. Esto es apagar todas las luces del buque para no ser identificado por radares ni visto de ninguna manera.

Capítulo 2
LLEGAMOS A GEORGIAS

Cerca de las 5 de la mañana llegamos a la entrada de la bahía que da al Puerto de Stromness y al puerto Leith. La niebla fue abriéndose tan lento como nuestro paso, hasta que por fin despejó por completo. Ya estábamos todos en la cubierta superior del barco. No podíamos creer lo que nos regalaba el paisaje, el agua era tan transparente que podíamos ver a más de 4 ó 5 metros de profundidad un cordón inmenso de rocas. Sobre la costa los acantilados separaban ambas bahías. Un inmenso glaciar se desplegaba detrás del puerto de Leith. La isla era recorrida por un cordón de cordillera que todavía conservaba sus picos más altos con nieve.

A nuestro paso nos rodearon decenas de lobos marinos que nos miraban con curiosidad mientras nadaban sobre sus espaldas para no perdernos de vista. En la costa bandadas de pingüinos observaban nuestra llegada y sobre las rocas que estaban blancas de los excrementos de las aves se las veía intercambiar lugares y salir volando un sin fin de cormoranes, petreles y gaviotas. Lo más curioso es que ninguno de estos animales parecía tenernos miedo. Sin dudas no conocían al humano...

El barco queda anclado cerca de la entrada al puerto de Stromness. Ahí observaban y definirían cual de los dos muelles sería elegido para hacer bajar todas las cosas que traíamos y realizar nuestro trabajo. Esa noche dejamos las luces de cubierta y los reflectores prendidos. Lo que provocó que muchas gallinas antárticas encandiladas por las luces se estrellaran contra la cubierta. Una escena muy triste que descubrimos al levantarnos al día siguiente.

Ese día en los botes de desembarco partimos rumbo a los diferentes puertos para determinar en cuál de ellos nos instalaríamos, optando al final de todo por el de Leith.

El primer puerto al que bajamos fue el de Stromness, las maderas del muelle estaban muy deterioradas, las casas denotaban que habían sido abandonas mucho tiempo atrás. Estaban hechas de madera con doble vidrio en las ventanas, y sus pisos de madera. Típica arquitectura de lugares de mucho frío y de montañas. Cada una de ellas tenía salamandras que utilizaban con carbón de coque ya que había un yacimiento en ese lugar. Encontramos cajas con comidas deshidratadas, arroz, sopas, latas de agua, etc., que se deja para los navegantes que se encuentren en dificultades y de esa manera se puedan alimentar mientras se resguardan.

Chalecos y unas garrafas eran las pruebas de que un velero había estado, al parecer, un mes antes que nosotros en ese puerto. Por lo que tengo entendido advirtiendo a los ingleses de una supuesta invasión nuestra.

Recorrer este puerto nos llevó prácticamente todo el día y nos dimos cuenta que no era el lugar indicado para instalarnos, por lo cual regresamos nuevamente al buque y la expedición continuaría al día siguiente.

Por la mañana partieron en los botes quienes revisarían puerto Leith, ese día me indicaron que debía quedarme en el barco, con lo cual recién al final del día me enteraba con el resto de los que quedamos en el buque que ese puerto sería nuestro hogar por un tiempo.

Temprano a la mañana comenzamos con la tarea de bajar todo lo que traíamos con nosotros. Lo primero que debimos hacer fue poner en todo el muelle grandes láminas de hierro "fabricando" un piso que nos resultara más cómodo para transitar. Este puerto se eligió por varias razones, entre las que estaban el calado más profundo para acercar el buque, y las construcciones con que contaba la población. El caserío era mucho más importante que los otros puertos y contaba con más cosas. Hospital, cine, galpones, un pañol construido de hormigón (de hecho era la única construcción diferente, pues todas las demás eran de madera), un bar, baño turco, una biblioteca con más de 6000 libros, etc. Obviamente todo en pésimas condiciones y abandonado desde hacía más de 50 años. Lo que resultaba curioso y por momentos un poco aterrorizante era que en las casas aun estaban las pertenencias de quienes habían vivido ahí: ropa, muebles y fotografías e incluso lo que más me llamó la atención fue encontrar platos con comida arriba de la mesa. Parecía que la tierra se los había tragado. Un abandono de los que solo vemos en las películas de terror.

Los objetos que encontrábamos nos indicaban que habían vivido ingleses, japoneses y argentinos hasta que se prohibió la caza de las ballenas. También se utilizó como escondite de barcos en la segunda guerra mundial. Eso lo confirmaba la casa mata apuntando con un cañón a la entrada de la bahía.

Ese día le pedí permiso a mi padre para dormir en la isla con 3 ó 4 más que comenzarían las tareas de reacondicionamiento de las casas, las cuales serían nuestro refugio desde entonces. Fue toda una aventura y después de cenar en el buque bajamos al puerto con nuestras bolsas de dormir para pasar la noche. No imaginé entonces, que la próxima vez que subiría al *Bahía Buen Suceso* sería para despedirme de mi viejo.

Esa noche junto a tres compañeros y la emoción de vivir una aventura que jamás olvidaría decidí que iba a convencer a mi padre para que me dejara quedar un mes trabajando en la isla. Pues su tarea era resolver un tema puntual y volverse de nuevo a Buenos Aires y se suponía que yo debía regresar con el. Pero logré persuadirlo para que me dejara con la condición de volver en el próximo buque al mes siguiente.

Desayunamos en el buque y una vez que se determinaron los grupos en que nos dividiríamos para instalarnos bajamos a la isla. Unos a buscar las casas que utilizaríamos para vivir formando dos grupos, por un lado el equipo de obreros y técnicos y por el otro servicios contratados de marina, médico, directivos, etc. Más una tercera casa que sería utilizada para guardar todos los víveres con que seríamos abastecidos ese mes.

La casa en que me quedaba tenía varias habitaciones con baño privado, y por las cosas que encontramos era evidente que siempre había sido su función. Había papeles de empresas, máquinas de escribir. Como si hubiesen sido oficinas, y en la parte de arriba los dormitorios.

El cocinero y un par más deciden salir de cacería para guardar la carne que habíamos llevado. Su puntería fue buena pero no la elección de la presa ya que traen consigo a un viejo reno (una raza incluida por los ingleses en 1800, la cual se crió luego de forma natural en la isla) su carne ya era muy dura por su avanzada edad, pero de todas formas fue nuestro alimento por varios días.

En nuestro primer día instalados, la bandera Argentina estaba izada y flameando. Cuando llega un grupo inesperado de ingleses bajando por la montaña que dividía la bahía de Stromness y Puerto Leith. Al llegar nos preguntan de manera muy prepotente porque no habíamos hecho aduana en Grytviken, a lo que nuestra respuesta fue simplemente que estábamos en suelo argentino y que no teníamos por qué hacer aduana inglesa y nos piden que arriemos la bandera, debido a que ellos no tenían ninguna inglesa izada. Se somete a una discusión interna y el jefe de la expedición da la orden de arriarla. Nos dicen que terminaríamos de hablar al día siguiente y se van hacia una casa en el cerro del pueblo. Por la noche los que cocinaban deciden acercarles comida y el rechazo de mala manera de ellos hizo que volvieran con lo que le habían llevado. Nos vigilaron el resto del día sacándonos fotos y a la mañana siguiente bien temprano se marcharon nuevamente hacia Grytviken sin continuar la reunión como habían advertido la tarde anterior. Nos llevó un par de días acomodarnos y adaptarnos mientras el capitán del barco insistía con que debía partir lo antes posible que ya no podía quedarse mucho más tiempo en la isla, con lo cual esa misma noche determina que al día siguiente partiría al continente.

A eso de las 5 de la tarde comenzamos las maniobras para sacar las amarras de diferentes boyas a las que había sido sujeto el buque. Los vientos que bajaban del glaciar eran tan fuertes que la única manera de hacer que el barco se mantuviese lo más estable posible era sujetándolo de cuantos más puntos pudiésemos. Esas boyas de hierro eran de alrededor de dos metros de diámetro ancladas al fondo del mar. Utilizadas en su momento por los cátcher de ballenas. Antes de comenzar con esto subimos al buque a despedirnos. Salimos a cubierta con papá, era la primera vez que nos separaríamos tanto tiempo y con todos esos kilómetros de por medio. Me pidió que me cuidara y que volviera a casa en el buque que vendría a buscarnos un mes después. Fue un momento raro, esos donde se nos mezclan los sentimientos. Por un lado estaba la emoción de vivir una aventura por un mes en una isla remota y por otro el separarme de papá justamente en esas condiciones. Y todo se intensificaba teniendo 18 años recién cumplidos.

Así que en la embarcación *Fénix* un bote de desembarco para treinta personas color naranja comenzamos las maniobras para desatar al *Bahía Buen Suceso*. Fuimos cuatro tripulantes los encargados de esa tarea. Comunicados por radio con el buque antes de soltar la ultima amarra nos despedimos deseándoles buen viaje y a nosotros agradeciéndonos la maniobra y deseándonos suerte en nuestra estadía. El *Bahía* toca dos veces su bocina y comienza su viaje de regreso.

En ese instante miramos hacia la isla. Dos electricistas, (uno de los cuales había fundado cabo Esperanza en la Antártida después de haber estado perdido cuarenta días en el hielo) habían logrado hacer andar el generador que conectaba las luces de todas las casas. Fuimos testigos de cómo lentamente se volvía a iluminar la isla después de más de cuarenta años.

Dirigimos la embarcación hacia el muelle y nos damos cuenta que aunque el barco se movía habíamos perdido el timón. Dejándonos sin dirección y al garete. Ya estaba anocheciendo y para agravar la situación comenzaba a soplar el viento del glaciar cada vez más frío y más fuerte. De inmediato cambiamos el canal de la radio para comunicarnos con tierra para que el *Bahía Buen Suceso* no nos escuchara, no queríamos preocuparlos… pensamos que lo resolveríamos fácilmente. Advertimos de nuestra situación y nos dicen que nos quedemos tranquilos que mandaban de inmediato la lancha *San Pío* a buscarnos. Ellos se encontraban a media hora de nosotros pero todo siguió complicándose a medida que el viento nos empujaba hacia la salida de la bahía a mar abierto. La noche se cerraba y debíamos tener muchísimo cuidado de no chocar con las gigantes boyas asique con los remos e iluminando con una linterna en forma desesperada tratábamos de esquivarlas. Tomándonos de las kelpers (son como algas con tallos muy gruesos) intentábamos acercarnos a la costa pero el efecto que provocábamos en ellas era que después de comprimirse en grandes cantidades nos tiraba hacia atrás en un efecto de elástico. Y así nos alejábamos más y más del lugar al que debíamos volver. La tormenta estaba cada vez peor y la noche ya estaba tan cerrada que no veíamos nada lo cual nos hacía sentir totalmente indefensos, sabíamos que si caíamos al agua sería el fin.

Por fin, en lo que nos pareció una eternidad, nos alcanza la lancha *San Pío*, la amuramos a la banda de estribor y comenzamos a organizar la salida para que nos tome por proa y nos lleve a tierra firme. Ambos estábamos al garete en ese momento por la fuerza del viento y el agua. La *San Pío* era una lancha muchísimo más chica que la nuestra y traían con ellos un cabo demasiado corto, ni bien comenzó a tirarnos debido la poca distancia entre nosotros y un motor gasolero viejo, se apagó. Nos dimos cuenta que no podría remolcarnos así que amuramos nuevamente las embarcaciones y abordamos todos la *San Pío* en medio de una gran tempestad. El frío era insoportable, el mar embravecido y las luces del muelle estaban cada vez más lejos. Nos empezamos a asustar cada vez más de perdernos en alta mar. Lanzamos el ancla de la *Fénix* para que en algún momento quedara enganchada a algo y la soltamos. El motor de la *San Pío* seguía sin prender. Un mecánico luego de unos interminables minutos logró que arrancara, junto a Richard (Ricardo Caccace otro de los civiles de la empresa de Davidoff) comienza a enfriar el motor con el agua del mar y logran que arranque. Gritamos de alegría y con el motor a toda marcha apuntamos hacia el muelle, sabíamos que no sería fácil entre los kelpers y las boyas que estaban en el camino. Me ubico en la proa con la linterna para ir esquivando las boyas, Gastón, el capitán, me dice que no despegue la vista de la proa por si veíamos cerca alguna así el podía maniobrar con tiempo. El motor iba a toda máquina, y con la oscuridad de la noche no había demasiado tiempo para evitar chocar contra ellas. En un momento a mi estribor me distrae el brillo de una boya y cuando vuelvo a iluminar hacia delante veo que otra de ellas estaba justo al medio de nuestro camino. Lo advierto con un fuerte grito y el timonel con toda su fuerza y lo más rápido posible hace girar a babor con la suerte que el golpe con la boya hace que sea apenas y con el choque se escucha como el sonido de una gran campana.

Así seguimos rumbo al muelle con toda la potencia que entregaba el motor, y estando a unos pocos metros del tan ansiado destino, el motor vuelve a apagarse. En el muelle nos estaban esperando varios compañeros y uno de ellos nos lanza un cabo con todas sus fuerzas que cae justo en la lancha. Nos aferramos a el como quien se aferra a la vida con todo su ser. Así pudimos por fin después de seis aterradoras e interminables horas llegar a tierra firme. Bajamos extenuados, empapados, temblando de frío y con el terror de casi no haber vuelto. Nos abrazaron llorando varios de los que nos esperaban en el muelle. Vimos que ellos estaban tan nerviosos como nosotros.

Nunca una sopa caliente y un drambuie los degustamos con tanto placer como esa vez. Pasó un buen rato hasta que volvimos a entrar en calor y nos fuimos a dormir extenuados.

Los días en la isla eran muy cortos, amanecía a las 10 de la mañana y ya a eso de las 16 caía el sol. El recorrido que hacía en el cielo durante el día era muy curioso, pues se desplazaba siempre cerca del horizonte, era como si no tuviese fuerza para llegar hasta lo alto del firmamento. En una de mis caminatas exploradoras me encuentro con un astillero, y decido armar un velero con restos de madera que había en el taller. Un pedazo de trapo sirvió para armar la vela, un caño de plomo fue el quillote y lo boté a la mar. Me quedé mirándolo por un buen rato hasta que lo perdí de vista mientras se alejaba hacia fuera de la bahía. Luego que terminaba las tareas que se me asignaban mis días transcurrían con caminatas por la playa, los alrededores, o curioseando en las casas abandonadas.

Un par de días después cerca del mediodía llega corriendo unos de los chicos diciéndonos que acababa de ver una embarcación a vela que ingresaba a la bahía. Obviamente nos quedamos expectantes de los nuevos visitantes hasta que llegaron a nuestro muelle. Al recibirlos nos cuentan que eran franceses que estaban navegando rumbo a la parte sur de la isla en busca del pingüino emperador. Lugar único en el mundo en donde se encuentran estos fantásticos animales. Y querían lograr filmaciones para un programa de Francia. Eran tres tripulantes, todos fotógrafos, viajaban por todo el mundo. En su camino antes de llegar a Georgias cuando atravesaban el cabo de Hornos dieron dos vueltas campana rompiendo el copic del barco y necesitaban estar un par de días arreglándolo.

Así que como intercambio de darles el lugar para arreglar su barco les pedimos que nos llevaran hasta donde estaba anclado el *Fénix* (ellos lo habían visto cuando entraban a la bahía) de hecho les había llamado tanto la atención que nos comentaron sobre el. Al mismo tiempo nos informan que habían visto navegando a unas 50 millas el velero que yo había construido. Me sentí todo un ingeniero naval.

Nos pidieron a cambio medio tanque de combustible que son unos 100 litros, pues el remolque debía ser a motor. El comandante de la lancha y yo subimos junto a los franceses al velero de dos palos y partimos hacia donde se encontraba nuestra embarcación. Dejamos el muelle pero no fuimos a motor, sino que salimos navegando a vela, un placer para mí que es una pasión. Casi de inmediato pingüinos y lobos marinos comenzaron a acompañarnos nadando en la proa y los franceses Olive, Serge y Michel nos dicen que hacía rato que venían junto a ellos. Y así surcamos las aguas con el único sonido del mar golpeando el velero y el viento que se envolvía en las velas. Una paz absoluta. Y un placer de la vida sentir la combinación del fresco del aire y lo tibio del sol. Viajamos rodeados de paisajes inolvidables, y con los primeros días fríos que empezaba a avisarnos la inminente llegada del invierno.

Encontramos la *Fénix* después de mucho rato de navegar. Al ver como estaba anclada no quedó otra opción que cortar la cadena. Así lo hicimos y mi compañero y yo subimos a ella para asegurarla y que nos remolcaran al primer muelle de Leith, lugar que era más seguro y más fácil para dejarla. Volvimos al velero hasta el muelle donde podrían arreglarlo para seguir su viaje y al mismo lo bautizamos *San Pedro Boating*. Confraternizamos así durante varios días mientras solucionaban su problema. Comíamos juntos y ellos nos contaban sus miles de aventuras que parecían sacadas de libros. Yo les hice un dibujo de ellos navegando. Siempre fui bueno en eso. Me lo agradecieron y lo colgaron como si fuese un cuadro dentro del copi. Mientras tanto nosotros seguíamos investigando cada edificio de la isla imaginando historias sucedidas… era como entrar en una cápsula del tiempo. Es inevitable al encontrarse con fotos y cosas ajenas que fueron parte de la vida de alguien recrear un personaje, una vida, un momento de alguien. Incluso hasta nos tomamos el atrevimiento de imaginar los sentimientos que debió haber tenido esa persona. Para pronto darnos cuenta que solo estamos volcando nuestros propios sentimientos de ese instante. Hoy en día seguramente alguien encuentra cosas que nosotros dejamos en ese entonces y pasamos a ser un personaje imaginado por otro, y también nos convertimos en parte ficción y parte realidad. En una expedición hasta el cementerio, vimos que familias enteras habían muerto en un año. Suponemos que a causa de alguna peste. Otros que habían nacido, vivido y muerto en Puerto Leith. Tantas historias como personas, diferentes experiencias, diferentes vidas en un mismo lugar. Todo pasó ahí, y al ver cosas materiales de antiguos habitantes, las hacía tangibles y que de cierta manera uno tuviese un punto de contacto con ellas. Un pasado y un presente que se reencuentra. Que se toca por instantes. Que nos hace partícipes de una pequeña parte de su vida, al ver una foto, al ver una prenda. O como en aquellos casos en que vimos un plato de comida servido, tal vez una última cena…

Mientras veía todo esto, mi vida transcurría sintiendo emociones diferentes, por un lado era asignado a variadas tareas, y por otro debía luchar con las bromas que recibía a diario simplemente por ser el menor del grupo. El que me seguía en edad tenía unos 24 ó 25 años. Era el ayudante de cocina. Pero las bromas no tenían maldad, y fui haciéndome más amigo de algunos. Y así comenzamos a conocernos contando nuestras historias personales, y supe quienes tenían novias, o esposas esperándolos a su regreso. Ellos se comunicaban por radio cada tanto y así seguía parte de sus vidas cotidianamente. Eso sin dudas forma lazos que uno no dimensiona de la misma manera cuando está tan lejos de su casa y menos en lugares tan desolados.

Un alud había destruido lo que había sido el cine, teatro y un café. Entre los escombros había restos de máquinas de proyección, latas con películas de 16 mm., máquinas de café rotas, mesas y sillas destrozadas. Estaba claro que era un lugar de esparcimiento con una vista inmejorable de la bahía. Entre las películas que encontré recuerdo haber visto la filmación de la presentación de una locomotora a vapor en Londres, una gran muchedumbre era testigo de tan importante acontecimiento. Daba pena ver tantas latas de película a la intemperie cerca de las calmas olas que llegaban a la orilla. Desparramadas entre las rocas y con las gaviotas como único testigo de su lento deterioro.

Las horas con sol eran muy pocas y hacían que las expediciones tampoco fueran muy largas. Nuestra curiosidad en cambio parecía no encontrar calma, sino todo lo contrario. Queríamos saber más de todo y sobre todos, queríamos descubrir secretos, historias y seguir viajando en el tiempo.

Esa noche nos dimos un lujo, enorme fue nuestra sorpresa al volver a la casa y enterarnos que habían puesto en funcionamiento el calefón. Podríamos darnos nuestro primer baño de forma cómoda y con agua caliente. De todos modos tenía 18 años y si no me bañaba no había problema. Estaba aprendiendo también a valorar los pequeños placeres diarios, así decían los que querían que me bañe. Esos que por costumbre de tenerlos no los valoramos lo suficiente.

Esa misma noche se desató la primera tormenta de nieve desde que habíamos llegado. El viento de más de 200 kilómetros por hora era abrumador. Desde la casa se veía un reflector en una explanada del muelle y podíamos ver las aves que se chocaban contra los cables, los mástiles y todo lo que se les interponía, ya que no estaban acostumbradas a la luz artificial. Nos llamó la atención la resistencia de las casas construidas pues siendo de madera ignoraban por completo la embestida de la tormenta. Por la mañana nos encontramos con más de 50 centímetros de nieve y muchísimos menos grados de sensación térmica…

Bajo a desayunar al lado de la salamandra. Es el único lugar de la casa que se mantiene calentito gracias al carbón de coque. Desde la ventana con una taza de té en la mano me quedo mirando el mar en silencio, como en trance… Me separaban tan solo unos diez metros de esa agua perfectamente turquesa, tranquila y silenciosa. Las boyas de los cátcher de los buques balleneros adornaban el mar y no podía dejar de imaginar el tamaño que tendrían ellos. Pero mi asombro fue cuando miro hacia la ladera de la montaña a unos 200 metros cruzando la bahía y veo caminando sobre un surco angosto una larga fila de renos. Todos tenían sus lomos blancos de nieve… aun el viento gélido seguía soplando. Imágenes y sonido combinado para bajar aun más la sensación térmica.

Seguía llamando poderosamente mi atención que ningún animal nos tenía miedo. Tenían mucha suerte de vivir tan lejos del hombre.

Por la tarde nos fuimos a recoger todas las aves que se habían estrellado sobre la explanada a causa de la tormenta que había azotado en la noche. Los llevamos al galpón donde estaba el generador y era el único lugar caliente para que pudieran sobrevivir.

Un rato antes de ir otra vez a donde se encontraban los franceses, escuchamos por la radio que había problemas diplomáticos entre Argentina y Gran Bretaña por nuestra presencia en las islas. Decían que nosotros estábamos reclamando la soberanía de las Malvinas. Obviamente quedamos confundidos y de inmediato nos ponemos en comunicación con la empresa para que nos informe que era lo que sucedía, pero nos tranquiliza diciéndonos que nada de eso estaba ocurriendo.

Pasado ese día y siguiendo con las tareas cotidianas de desarme se provoca el primer accidente de trabajo haciendo que se ponga en condiciones nuevamente el hospital de la isla. No se demoraron los problemas entre obreros y parte de los directivos haciendo que un grupo de trabajadores con amenazas de boicot desaparecieran por unos días. Fueron todas situaciones tensas y totalmente nuevas para mí.

Escuchando la radio UHF se incorpora "Alfa 1" que era la Marina dándonos la orden que los mantuviéramos informados de lo que estaba sucediendo en la isla. Esto provocó gran incertidumbre en quienes estaban al mando ya que no entendían que tenía que ver con el trabajo de la empresa lo que ordenaba la Marina. Desde ese momento tuvimos un contacto habitual con ellos de dos veces al día. Función que me tocó varias veces.

Una de esas tardes los franceses nos invitan a una muestra de arte que un amigo había hecho en su momento en París. Allá fuimos muy curiosos éramos 3 ó 4 amigos para ver un espectáculo del cual jamás imaginamos lo especial y único que íbamos a presenciar. Al llegar al barco estaban preparando todo, nos ofrecieron cigarrillos de marihuana que habían traído de San Isidro, Buenos Aires (ahí entendimos porque siempre estaban felices y reían mucho todo el tiempo) nos sentamos en la banda de estribor del *Boating de san Pedro* como nos indicaron, y luego de unas pitadas comenzó Michel a tocar en la guitarra "el boxeador" de Simon & Ganrfunkel, y en ese instante se enciende el proyector con las diapositivas del amigo de ellos quien fuera corresponsal de guerra. Las fotografías se reflejaban en la montaña que teníamos enfrente. Fueron unos de los minutos más emocionantes, e inolvidables de mi vida. Solo se escuchaba la música. Las escenas de guerra nos transportaban a momentos tan intensos y desesperantes... Pensar que jamás se nos cruzó por la cabeza que pronto seríamos partícipes de una guerra en carne propia, y nuestra vida sería fotografiada de esa manera también.

El día siguiente fue bastante convulsionado, en primer lugar nos preocupó mucho la noticia que en plaza de Mayo había sucedido un hecho de extrema violencia de trabajadores reclamando sus derechos con una fuerte represión por parte de los militares. En la radio seguían insistiendo con los problemas entre las cancillerías y la ocupación "ilegal" (nuestra). Y en la isla los víveres comenzaron a escasear por ende hubo que salir a cazar venados. El primer herido por el accidente de trabajo seguía en una lenta recuperación.

Los franceses, nos contaron que cuando habían llegado a Grytviken los ingleses les dijeron que en Leith había argentinos y que tuvieran cuidado de no ser maltratados o peor aún, asesinados... no podían creer lo que escuchaban, ¡¡¡ellos estaban viniendo de Argentina!!! Nos decían que varios de sus amigos estaban preocupados, pues se decía que las cosas se estaban complicando cada vez más entre Argentina e Inglaterra. Todo se estaba tornando tenso y raro por llamarlo de algún modo.

Y así transcurrieron unos días más hasta que una tarde cuando me encontraba con un amigo en la guardia de la radio, escuchamos un mensaje que decía: *"Si esta noche te golpean la puerta, abriles que son amigos."* Pedimos que nos repitieran el mensaje, lo vuelven a decir tal cual y desconectan el canal.

Por la noche, a eso de las 2 am golpean la puerta, mi amigo Charly me dice que vaya abrir, pregunto quién es (como si esa frase sin siquiera una cerradura en la puerta pudiese detener a alguien) y me responden —"Somos los amigos, ¡abrime!"

Abro y me encuentro con una persona mayor de alto rango militar y a su lado un comando armado y pintado para la ocasión. Atrás de ellos veo un buque amarrado descargando pertrechos y personal con luces artificiales del buque. Lo increíble al ver esta escena es que nosotros no habíamos escuchado el más mínimo e insignificante ruido.

Lo siguiente que escucho es: "Somos la marina Argentina, venimos a protegerlos."

De inmediato pensé: ¡¿protegernos?! ¡¿De qué?! ¿Es verdad entonces el conflicto con Inglaterra? ¿Nos estaban por atacar? ¿Qué estaba pasando?

Decidimos que lo mejor sería dar luz y corrí para hacer prender el generador de la isla, que estaba a unos 300 metros. Así despertamos a los ocupantes de nuestra casa para presentarles a "los amigos".

Mientras iba caminando en completa oscuridad veo las circunferencias fluorescentes de los GMT de *Rolex* al paso que me decían: —"Tranquilo que somos argentinos." Atravesando esa cadena de soldados llegué hasta el generador, di la orden que lo prendan y al momento que lo hicieron y se encendieron todas las luces comienzo a correr hacia la casa; entre cada zancada el corazón se me disparaba, mi mente enloquecía de pensamientos y sensaciones pues comienzo a ver las caras pintadas del grupo comando que segundos antes eran voces anónimas que no podía identificar. Paso corriendo por el muelle y seguían descargando cosas, entro a la casa y me encuentro con mas militares aun. Mientras recupero el aliento veo que todos están despiertos en la casa preguntando qué era lo que estaba ocurriendo. Ahí nos dicen que la cosa estaba muy complicada y que iban a dejar un destacamento para protegernos hasta que todo se solucionara.

Nunca hasta ese entonces en mis jóvenes 18 años me había sentido tan pequeño, tan desprotegido, tan lejos de casa. Ni mi opinión, ni mi presencia, iban a ser tenida en cuenta por supuesto, después de todo, ¿quién era para ellos? Tan solo era un adolescente que había querido tener una aventura de un mes en una isla remota con un trabajo inusual. Y de golpe estaba rodeado de militares que me decían que me venían a proteger. ¿Proteger de qué? ¿Qué pasaba? ¿Qué habíamos hecho? Si solo íbamos a desarmar factorías de ballenas… No entendía nada y mi cabeza solo daba vueltas y vueltas. Tal vez estaba soñando nada más, pero no, la pesadilla era real y estaba a punto de comenzar…

Luego de presentarnos con el capitán de navío que quedaría a cargo junto a unos veinte soldados, nuestra primera reacción fue decirles que no íbamos a permitir vivir ahí con militares al mando como en la dictadura de la que veníamos sufriendo en el continente. Allí nos tranquilizaron diciéndonos que solo se quedarían para cuidarnos ya que las relaciones con Gran Bretaña estaban muy tensas, información que por supuesto se fue ampliando.

Marzo llegaba a su fin y nosotros sospechábamos cada vez más que estábamos siendo testigos involuntarios de un plan o misión secreta que iba mucho más allá de lo que nos decían.

Para ese entonces empecé a notar que nuestros bolsos provistos por la empresa eran de la Marina, nuestros sweaters eran grises y los equipos polares blancos todos igual que los de Marina.

Una vez que desembarcaron todos sus pertrechos los llevamos hasta el viejo hospital del puerto donde ellos se instalarían. Por un par de días quedaron encerrados en su cuartel improvisado, supongo que poniendo en orden sus cosas o planificando alguna estrategia. Lo cierto es que tuvieron muy poco contacto con nosotros.

Mientras tanto continuábamos con nuestras tareas diarias, hasta que comenzamos a tener comunicaciones con la empresa y el comando superior de la Marina a través de la radio dos veces al día. Nos hacían llamarnos por seudónimos y utilizar palabras claves para referirnos a los ingleses y así poder saber en qué se encontraba la situación con ellos. Y bajo ningún concepto podíamos decir nuestra ubicación ni que los militares estaban con nosotros.

En esos momentos nos enteramos que el buque *Endurance* (buque de campaña antártica inglés) había salido rumbo a Georgias desde Ushuaia, con el fin de obligarnos a abandonar la isla junto con otro destacamento que se encontraba en Grytviken. Y esa fue la razón por la cual había venido la Marina a protegernos.

Nuestros amigos franceses nos cuentan que habían sido abordados por los militares argentinos a punta de arma interrogándolos porque estaban ahí y sacándoles la radio del barco, medio por el cual nos enterábamos de los titulares y noticias que se daban en Europa.

Cada cosa que nos enterábamos nos confirmaba minuto a minuto que estábamos mucho más expuestos de lo que pensábamos. Era evidente un conflicto bélico inmediato, pero los militares tampoco lo afirmaban.

Mientras tanto, la relación con los comandos se hacía más estrecha con reuniones en forma más seguido, comidas compartidas, y en cada charla nos intentaban tranquilizar diciéndonos que no pasaba nada. Uno intuye cuando le mienten, o cuando intentan ocultar una parte de la verdad... Y nos damos cuenta... solo que a veces preferimos ignorar esa corazonada. Bueno esta vez decidí escucharla. Había algo en mi cabeza que daba vueltas y vueltas. En una de las reuniones, no recuerdo si fue previo a un almuerzo o cena, escucho a uno de los integrantes que estaba con nosotros que le dice al comandante: —"Te traje la correa de tu fusil..."

Entonces no pude evitar pensar: ¿cómo supo que el vendría a la isla? ¿Por qué la trajo desde Buenos Aires, si veníamos a hacer un trabajo de desarme de puestos balleneros? De ahí en más, miraba todo con desconfianza y quedé atento a cada palabra, cada mirada o cada acción que tuviesen los que estaban presentes. ¿Qué escondían?, ¿qué nos esperaba? Creo que la incertidumbre y la duda son de los peores sentimientos que puede tener una persona. Y cuando están involucradas armas y militares con secretos a civiles puede llegar a ser aterrador.

En una cena me encontraba sentado en la cabecera opuesta al comandante Rubio. La charla no se desviaba un minuto del tema armas, municiones y cosas de guerra. Mi adolescencia entró en acción e increpó con ímpetu y un atrevimiento desafiante a todos:

—"¡Ey! ¡Basta de hablar de armas! ¡Todo el día el mismo tema!"

El comandante con su mirada enardecida se pone de pie en la cabecera de la mesa de frente a mí, cierra el puño, lo levanta por encima de su cabeza y golpea con fuerza la mesa. Mirándome a los ojos me grita enfurecido: —"¡Cállate pendejo! Combatí con muchos de tu edad pero por ideales políticos, ¡hippie concheto!"

Mientras lo tomaban de los brazos los que estaban a su lado intentando que todos nos calmemos.

Estaba tan enojado que se veía claramente como escupía cuando me gritaba.

Mis respuestas de adolescente también siguieron y generaron una discusión áspera y muy tensa, se me mezclaron todos los temores y la bronca de sentirme usado en tremenda situación, hasta que pudieron calmar al comandante, lograron que yo dejara de contestarle y todos fueron dejando la habitación…

A la mañana siguiente mientras desayunaba se hace presente "Rubio" (como le llamaban al comandante) y mirándome fijamente me dice que tenía que hablar conmigo…

Así que salimos los dos de la casa y mientras caminábamos por la playa comienza la conversación disculpándose por el exabrupto del día anterior, y diciéndome que me respetaba por haberlo enfrentado. Que era cierto, que de lo único que habían estado hablando desde su llegada era de armas y que me entendía. Aceptadas las disculpas continuamos una charla amena y cordial .Quien diría en ese entonces que iba a estar pendiente y preocupado por mi hasta que volviese a casa…

Regresamos con una de las primeras nevadas a la casa, nuestras pestañas estaban blancas. El invierno crudo comenzaba.

Al comandante le llamábamos entre nosotros *Boogie el aceitoso*. Y debo reconocer que a raíz de las charlas que mantuve con el me caía bien. Teníamos gente y amigos en común de Mar del Plata. Temas bastantes recurrentes en las conversaciones que mantuvimos. En alguna que otra oportunidad nos aseguró que si la situación en la isla se tornaba muy complicada siempre estaba la posibilidad de que nos vinieran a buscar antes alguno de los buques de la Marina. Pero eso nunca sucedió... jamás podrían venir a rescatarnos.

Al día siguiente nos informan que el barco que nos traería pertrechos de comida y a llevarnos a algunos de regreso a casa no vendría. Las excusas por las cuales no vendría el barco eran todas imposibles de creer. Por lo tanto nuestra situación no solo era estar en una isla rodeados de militares, con todo indicando que seríamos invadidos por los ingleses, sino que además nos estaban abandonando ahí. La suerte estaba echada, el destino diría.

Como nos habíamos quedado sin carne le pedimos al comandante un francotirador para cazar un reno. Y ahí partimos tres, rumbo al camino de montaña donde acostumbraban aparecer. Cuando llegamos a unos 600 metros el francotirador toma posición. Un silencio ensordecedor nos envuelve por unos 5 ó 6 minutos mientras el observaba concentrado a la presa a través de la mira. El tiro fue certero a la cien de un reno joven. La manada corrió y la única que quedó a su lado fue su madre. Fue un momento raro, triste sin dudas por un lado, pero debíamos alimentarnos, y por otro no pude dejar de admirar la puntería de ese tipo.

Volvimos al puerto y preparamos un guiso sin haberle sacado la glándula que le provoca ese olor tan desagradable al que conocemos por "catinga", el sabor y el olor era espantoso pero la carne era tierna. El arroz que acompañaba a ese guiso ya escaseaba. Había que racionalizarlo al menos por un par de días. Las discusiones en la casa empezaban a separar en grupos a los ocupantes, el ambiente era tenso y poco fraternal, había olor a muerte. La noticia tacita era que nos iban a trasladar, pero nadie decía nada, me preguntaba que tanto sabían los que estaban conmigo de lo que pasaba, ¿mi viejo sabría también?

La luna llena se había armado, y su luz nos permitía pescar a la encandilada así que varios nos dirigimos al muelle y logramos pescar unos 180 meros. ¡La alegría fue enorme! ¡Nos aseguraba comida por unos días más! Mientras estábamos en el muelle pescando al mirar hacia las casas del puerto que estaban sobre la ladera comenzamos a ver los postigos de las casas deshabitadas que se abrían y cerraban por el viento. Como las casas tenían luz corriente las sombras de los postigos hacían ver como si hubiese gente en las ventanas, y las de más arriba -sin luz- crujían por la sequedad de las maderas. Así que llamamos a ese día, "el día de las brujas". La imaginación se activa mucho en lugares así y sobre todo cuando tratamos de distraer los pensamientos cotidianos. Incluso bromeamos diciendo que la gente festejaba desde sus ventanas la provechosa pesca que habíamos tenido.

Nuestras jornadas continuaban de diferentes maneras, para algunos desarmando los puestos balleneros, otros, en mi caso buscando metales en distintos galpones. Pero sabiendo que ellos nunca llegarían a ningún lado... Solo era por mantenernos ocupados, y no pensar... era caminar solo por ahí, y escuchar a los obreros diciendo que ellos no habían venido para eso, que nos iban a matar y como yo vivía en la casa que pertenecía a la parte directiva me increpaban con acusaciones descabelladas. Mi único discurso era que nos teníamos que cuidar entre todos. Como dije tenía 18 años, pronto vería que la vida no es así, que siempre se hacen subgrupos, que el trabajo en equipo es muchas veces una utopía y que al final de todo uno siempre está solo.

Por otro lado los militares venían a buscar clavos de cuatro pulgadas de acero y cualquier tipo de metal de esa misma proporción para armar bombas de trotyl e instalarlas en las playas. De esa manera nos defenderían de cualquier tipo de invasión que pudiésemos sufrir. O al menos ganaríamos tiempo. Ya a esa altura todos estábamos hermanados en defender la isla y por supuesto defendernos a nosotros mismos.

Abril estaba próximo. Una noche luego de haber estado en el barco de los franceses volvía caminando un poco torpe por los efectos de la marihuana, entro a la casa atropellando todo a mi paso, y veo al viejo Tito y al Rubio tomando un té, seguí rumbo a mi habitación bajo la mirada no muy amigable del Comandante. Al otro día después de un gran sermón de su parte me dice que debo ponerme bajo bandera. Entendía que en esa época fumar un poco de porro era una gran cosa, pero de ahí a ponerme bajo bandera por eso me parecía una exageración -pensé en ese momento-. Era claro que el tema venía por otro lado...

Encontrándome en la guardia de la radio me indican llamar a "Rubio" al llegar me queda grabada la frase que le dicen: —"Rubio ya está todo arreglado, mañana es el día, ¡viva la Patria!"

El da media vuelta y se retira a su cuartel sin decir nada. Quedamos en absoluto silencio, Charly y yo, mirándonos con cara de "se complicó la cosa... esto sin dudas no es buena noticia."

A las seis de la mañana nos despertamos saltando de la cama por el sobrevuelo de un helicóptero *Puma* y vemos movimiento en el muelle de barcos militares (desde mi ventana se veía claramente a una distancia cercana), mientras entraba el comandante diciéndonos que habían recuperado Malvinas que volvían a ser nuestras, al grito de viva la Patria.

Nos indican que debíamos hacer un acto en conmemoración de la recuperación de las islas Malvinas. Así que nos juntamos los civiles que estábamos en la isla más la veintena de militares que compartíamos Georgias, izando dos pabellones, debido a todos los problemas de Argentina con civiles y militares. Cantamos el himno y vivamos la patria. Me pidieron que enfriara unas botellas de champagne a las cuales até con una piola y las sostuve dentro del mar por unos minutos para brindar en nuestra casa. Los once que habitábamos esa casa y los militares de jerarquía alzamos nuestras copas y brindamos por la recuperación de las Malvinas.

Por un momento sentí que era un gran error y no tenía sustento lo que se estaba haciendo. Y a la vez me llené de orgullo, y canté el himno inflando el pecho más que nunca en mi vida. Lo romántico de recuperarlas era sublime. Aun hoy sigo pensando que hubiésemos ganado de no haber sido por el apoyo que tuvo Inglaterra de parte de EEUU y Chile.

Capítulo 3
VAMOS POR GEORGIAS

Por la noche el comandante nos informa que a la mañana siguiente llegarían a Georgias, puntualmente el puerto Grytviken, pero con total liviandad y tono superado termina su frase diciendo que sería un trámite rápido.

A la mañana siguiente la fragata de la Armada desembarca en el puerto Grytviken. Todo indicaba que sería una toma fácil y sin resistencia pero se encontraron que los ingleses estaban esperando y sin ninguna intención de entregarse. Varios marinos nuestros mueren y logran derribarnos también un helicóptero. A pesar de la lucha que se desató, lograron tomar el puerto. Los prisioneros de guerra fueron embarcados en el *Irizar* y llevados a Ushuaia. Junto a ellos transportaron los cuerpos de nuestros soldados. Fueron nuestras primeras bajas junto a Giachino.

A la noche cuando regresan no podemos despegar nuestra atención de la expresión en la cara del comandante, sus ojos exorbitados, su tensión en su cuerpo, en su cara. Con profunda tristeza nos confirma la muerte de los soldados. Y nos relata el momento en que minutos antes de desatarse la batalla mientras sobrevolaba en el helicóptero la zona que atacarían comienzan a recibir disparos que provenían de tierra. Intentó detener el desembarco de los conscriptos pero ya era tarde. Mandó el apoyo de un helicóptero artillado que por desgracia fue alcanzado por un misil. A pesar de todo lograron la toma de la Isla y de prisioneros de guerra. Georgias y Malvinas nuevamente eran argentinas. En ese momento celebramos la recuperación de ambas islas y homenajeamos como héroes a nuestros caídos. Habían dado la vida por nuestra Patria. En ese entonces nuestra manera de ver las cosas cambió de forma radical. A partir de ahí comenzamos a trabajar en equipo con los militares, desapareció por completo la reticencia que sentíamos como poco tiempo antes por la dictadura que estaba instaurada en nuestro país. Ahora teníamos que defendernos de los ingleses y defender nuestra patria; y para eso teníamos que hacer un trabajo conjunto. Así que todos comenzamos a contribuir de diferentes maneras. Ayudando a buscar los implementos necesarios para hacer bombas, caza bobos en las playas, y preparar lugares donde ellos pudiesen esperar al enemigo cuando llegase. Éramos un apoyo las 24 horas. Unos pocos quedaban ajenos a esta forma de trabajo. Mientras tanto yo perseguía a Astiz insistiéndole en que me pusiera bajo bandera como me había dicho días atrás. Le pedí varias veces un arma, yo quería esperar al enemigo, quería defender mi Patria. Mientras el seguía buscando excusas para evadir mi pedido. Estábamos a 20 días de la invasión por parte de Inglaterra...

Nuestro contacto con el mundo era la radio *Carve* y radio *El Mundo*. Fue a través de ellos que pocos días después nos enteramos que habían zarpado de Inglaterra, lo que no sabíamos era el destino inicial, si sería Malvinas o Georgias. Mientras en la radio esgrimían diferentes teorías por las cuales los ingleses no llegarían a las Islas:

"Las tormentas en estos tiempos son feroces".

"Las corrientes y el oleaje no les permitirán avanzar", etc., etc.

Cada vez que escuchábamos cosas por el estilo, no podíamos evitar pensar: "¿Realmente están diciendo eso de los habitantes de una isla que ha conquistado todos los océanos desde sus comienzos?"

Sabíamos que nada los detendría, todo era cuestión de tiempo.

Nuestros militares intentaban a diario que mantuviésemos la calma. Ahora con prisioneros de guerra pensaban que podían negociar y que eso les daba ventajas.

Mientras tanto los civiles que tan solo habían ido a trabajar insistían en ser evacuados. Por lo tanto estábamos viviendo una situación tan tensa en lo externo como en lo interno de la isla.

Los capataces de la obra, que obviamente eran todos civiles, habían tomado como si fuese una postura de sindicato con el cual era muy difícil negociar. Hacían huelga en el trabajo, pedían sus víveres en forma desmedida y exigían ser evacuados. La tensión que se generaba era cada vez mayor. Nadie lo confirmaba, pero sabíamos que no íbamos a salir ninguno de la isla y que la invasión por parte de los ingleses era inminente. Los preparativos para esperarlos continuaban, debíamos resistir el ataque. El comandante nos aclara que tenía la orden de "Dejar hasta la última gota de sangre en la Isla." Así que a partir de ese momento todos nos dispusimos a defender a nuestra Argentina. Y claro, salvar nuestras vidas también.

Para evitar el desembarco en el perímetro que nos encontrábamos pusimos "cazabobos", que son bombas de trampa que se ubican en la playa con kilos de trotyl (muchos lo conocemos como TNT).

Pensábamos que llegarían por la playa, pero nos equivocamos...

Aun discutíamos sobre si nuestros soldados habían hecho bien en invadir Grytviken y las bajas que eso ocasionó. Siempre es inútil discutir sobre lo ya ocurrido, pero acaso ¿podemos evitarlo? No, nadie puede dejar de hacerlo. Por lo que discutimos un buen rato al respecto dando nuestras diferentes opiniones. Para solo llegar a la conclusión que ahora ya estaba hecho y nada podíamos hacer al respecto.

Recorriendo aun la isla descubrimos en un peñón a la entrada de la bahía, una "casa mata". En ella se encontraba un cañón de 105mm que se usó como defensa de los barcos nazis reguarnecidos ahí durante la segunda guerra mundial. Es una isla con muchos recuerdos de sufrimientos. Guerras, heridas y muertes que han dejado sus huellas de diferentes maneras en ese vasto territorio. Y nosotros estábamos ahí, por comenzar lo que sería una nueva parte de la historia bélica de dos países. ¿Cuántas vidas se perderían?, ¿cuántas familias se destruirían perdiendo a un ser querido?, ¿quiénes volverían a casa...? Solo sabíamos que todos a partir de ese entonces dejaríamos algo nuestro ahí aunque volviéramos con vida. Algunos tal vez una parte de sí que esperarían poder olvidar; otros en cambio recordarla hasta morir porque sentirían de esa manera que no fue en vano. De una u otra forma una cosa tendríamos todos en común: nadie iba a ser el mismo en poco tiempo. Nuestra historia cambiaría y con ella la de dos países, y la de miles de personas…

Todos nos imaginamos resistiendo la invasión de los ingleses, lo comentábamos y decíamos paso a paso lo que haríamos. Armábamos estrategias de defensa ante diferentes métodos de ataque. Esos son los momentos en que uno como civil de tan solo 18 años cambia. Y sus pensamientos solo pasan a ser como defender su país, su bandera, su tierra a los seres queridos que quedaron en el continente esperando. Mientras sabemos que ellos nos esperan con ansias con angustia y rogando que volvamos con vida, nuestra mayor preocupación es pensar que a ellos los estamos protegiendo. Y ahí te das cuenta de verdad el amor que uno tiene por su país y su gente, en ese momento, en ese instante en que estás totalmente convencido que darías tu vida por ello. Por eso es que me duele tanto cuando la gente dice frases como: "fueron muertes en vano", "fue una guerra sin sentido", "los chicos de la guerra", "la guerra de Galtieri"… ¡No! ¡No fue así!... quisiera no volver a escuchar nunca más frases de ese estilo. Porque para todos los que estuvimos ahí, dejar la vida por tu patria era el honor y orgullo más grande que podíamos sentir. Porque le dimos más valor a nuestro país y sus ciudadanos que a nosotros mismos. Así que antes de volver a repetir alguna frase así o si la escuchan por ahí en algún momento, estén seguros que los que quedaron allá y los que volvimos lo haríamos de nuevo sin dudarlo. Por eso simplemente respondan: Honor y Gloria a los nuestros y eterno agradecimiento para ellos.

La cuenta regresiva dio comienzo, no sabíamos de qué manera sería pero sabíamos que la invasión era inminente y lo más probable era que no saldríamos vivos de ello.

Continuamos en una enorme incertidumbre. Era una espada de Damocles colgada día a día sobre nuestras cabezas. El frío avanzaba con fuerzas, y así las nevadas y tormentas llegaron con más frecuencia. Los militares entrenaban en los barcos y en tierra. Éramos un puñado de civiles y de militares esperando la inevitable invasión. Dos puertos, Grytviken y Leith con población militar y el segundo con un puñado de civiles que quería salir de ahí victorioso, no muerto.

Hasta que llegó un día que emotivamente nos quebró. Fue el de una terrible despedida. La empresa nos contactó con nuestros familiares en el continente. Fueron varias horas en las que cada uno de nosotros habló por "última vez" con sus seres queridos.

Uno nunca olvida charlas que ha tenido con sus padres a lo largo de su vida. Pero les puedo asegurar que jamás olvidaré la de ese día. Y hoy que soy padre me pongo en su lugar y se me desgarra el corazón.

En ese entonces tenía una *Triumph* del año 48 a la que había que arreglarle la parte eléctrica, el que tenga o haya tenido una moto clásica, sabrá que esa parte nunca se termina si lo hace uno. Por lo tanto cuando llegó mi turno de hablar con mi viejo le digo lo siguiente: —"Papá por favor lleva la moto al taller y pedile al Tete, que me tenga lista la *Triumph* para cuando regrese." A lo que me contesta: —"Si Fabián quédate tranquilo, pero por favor vos cuídate y ante todo preservate. Cuidate mucho y te veo a la vuelta va a salir todo bien…"

Y ahí estábamos un hijo que no quería preocupar a su padre y un padre que quería contener a su hijo, sacarlo de ahí y llevárselo con el. Tan solos por dentro y tan lejos uno del otro con esa necesidad inmensa de un abrazo fuerte que calme aunque sea por un momento esa terrible sensación de soledad y de estar tan indefenso.

La Marina me permite hacer otro llamado más por lo cual les paso el teléfono de mi madre; me atiende mi tía Marta y me pregunta como estoy y donde me encuentro. Yo no podía responder sobre mi paradero así que solo me limito a decirle que estaba muy bien, que me encontraba en Bariloche y ya estaba de regreso. Y me responde que la alegraba muchísimo porque se había desatado la guerra que los ingleses estaban en camino a las islas, y que además sabían que bombardearían; que era un alivio saber que no me encontraba ahí. Fue una conversación por demás extraña. Y además no había podido hablar con mamá… Vacíos que quedan…

Ese día terminó tan amargo… saber que no me comunicaría más con mis padres me dejó con una inmensa tristeza. Los que estaban conmigo intentaron contenerme, hacerme sentir que éramos una familia. Y aunque no lo pude ver en ese momento, el tiempo me haría dar cuenta que al final lo seríamos. El destino nos convertiría en una de esas familias que tienen lazos especiales, de los que te unen por siempre.

A la invasión por parte de Inglaterra se sumo el apoyo que les brindaría EEUU. Enfrentarnos a la potencia que es Gran Bretaña ya era difícil, ahora aliada con el país de norte y el respaldo del país hermano, si que se veía complicado.

Pocos días antes del día tan temido, Astiz con una mezcla de enojo y desazón nos informa que los ingleses se dirigían hacia Georgias. Los buques de la Marina de distinto porte que estaban en las inmediaciones de la Isla habían escapado. Más de treinta embarcaciones inglesas estaban en camino. Y teníamos la orden de dar batalla. Al contestarles que éramos solo un puñado de hombres repitieron resistir hasta las últimas consecuencias de todas maneras.

Comenzamos a escuchar helicópteros bombardeando el glaciar que se encontraba detrás de nosotros. Las conversaciones eran impedidas parcialmente con el distorsionador de onda inglés, cuando logramos conectarnos con Grytviken, nos dicen que los tenían encima, y que ya desde los barcos les habían pedido la rendición diciendo que no querían lastimar a nadie.

Ese día por una extraña razón que aun no descifro, decidimos jugar al "juego de la copa". Hoy simplemente creo que todos necesitamos "saber" que nos digan que es lo que va a suceder. No importa que tan concreto sea, solo es la inmensa necesidad de luchar contra la incertidumbre, calmar como sea la ansiedad. Que alguien nos diga que todo va a estar bien. De sentir algo que nos guíe por corto que sea el camino. Claro que no conozco un solo caso en el que ese juego haya dicho algo positivo pero bueno ahí estábamos y decidimos hacerlo.

El juego de la copa comenzó. Para quienes nunca participaron de algo así se hace de la siguiente manera: en una mesa de vidrio se pone el abecedario y los números del 0 al 9 en un círculo. Dentro del mismo a un costado el SI y al opuesto el NO. Como la ouija, lo mismo. En el medio se pone una copa dada vuelta y varios de los participantes apoyan levemente sus dedos índices pensando todos a la vez una pregunta en particular.

Todos comenzamos con la pregunta que nos venía carcomiendo por días...

—"¿Cuando nos iban a invadir?". Su respuesta fue lapidaria.

—"Mañana", nos contestó.

—"¿Habrá bajas en la invasión?, preguntamos de inmediato.

—"Sí, una", nos respondió.

—"¿Cual es el lugar más seguro para resguardarnos?, le consultamos.

—"Es el Pañol", nos contestó.

En ese momento el jefe de obra le pregunta si lo conoce a el, la copa contesta que SI.

—"¿Me conoces de Córdoba?, le pregunta a la copa, y ella responde que SI.

Entonces el nos pregunta si conocemos su nombre de pila y le respondemos que sí que es Jorge y el le pide a la copa que diga su nombre de pila, ella escribe: "Antonio".

Cuando pasa eso el tira su documento sobre la mesa y vemos que su nombre de pila es Antonio.

Vuelve a preguntarle a la copa:

—"Entonces, ¿vos sos mi abuelo y va a haber un muerto?"

La copa responde: SI

Y ahí salimos cada uno para su lado en estado de pánico absoluto. Ahora no solo sabíamos que nos invadirían sino que además uno de nosotros moriría. O sea, ¡quedamos peor que antes!

No podíamos parar de hablar de lo que había ocurrido algunos se pusieron de mal humor otros prefirieron irse, fue una situación de terror absoluto.

Capítulo 4
LLEGARON LOS INGLESES

El 25 de abril amaneció frío y nevando, nos ordenaron dirigirnos detrás de un monte pues esperaban a los ingleses por mar. Teníamos que resistir.

En ese momento pregunto que si debía ir a resistir bajo bandera o me quedaba como civil con el resto.

Me contestan que me quede con ellos que verían como resolvían. Les pedí un arma para quedarme en el pañol y resistir la invasión

Cuando estábamos aun en la casa entra un comando y nos hace ir a la radio. Me dirijo hacia ahí con ellos, en la radio se escuchaba un distorsionador de voz por parte de los ingleses que no nos dejaba comunicarnos con los nuestros. Por momentos cuando se iba la interferencia en la radio escuchábamos a quienes estaban resistiendo en puerto Grytviken que nos decían que ingresaba la "naranja mecánica" (así le llamaban al *Endurance*) con la "sombra gris" en la popa, que era la *Plymouth*. Una fragata inglesa. En ese mismo momento escuchamos a los chilenos que se metían en la onda de radio y nos decían:

—"Argentinos putos, ahora van los ingleses y después los cogemos nosotros."

La Marina les contestó que los dejara trabajar que se corrieran de la radio.

En ese momento el comando que está conmigo dice por la radio:

—"Entramos en combate, vamos a resistir, rompo los pacos." La Marina le contesta:

—"¡Viva la patria! ¡Que tengan suerte, cuídense!"

Acto seguido me hacen romper las radios a mazazos y me ordenan correr al refugio.

Salgo corriendo lo más rápido que puedo hacia el pañol. Al llegar ahí me doy cuenta que estoy solo. Mi corazón me late tan fuerte que pienso que se me saldrá del pecho.

Comienzo a escuchar, lanchas, helicópteros, el viento de la tormenta y los tiros en la zona. Todo se vuelve un caos ensordecedor.

Al verme solo decido ir hacia donde estaba el resto en el edificio del hospital. Unos 500 metros me separan.

Abro la puerta, y el viento me tira encima la nieve. Me congelo en el instante. Cuando decido salir un helicóptero inglés que volaba rasante frente a mí abre fuego. Comienzo a correr en forma de zigzag entre el barro y la nieve, los borceguíes no ayudaban, ni ayudaron nunca para el frío (nos los habían dando al salir de Buenos Aires) y corro, ¡corro como loco por mi vida! A todo lo que daban mis piernas atravesé los más largos e interminables metros. Cuando llego me preguntan a los gritos que donde estaba metido. Nuestro comandante había hablado con el comandante inglés pidiendo la rendición de los civiles y que el había aceptado, debíamos volver de inmediato a la casa.

Habiendo cargado lo básico y esencial en los bolsos, una hora después comenzábamos nuestra caminata hacia Stromness. Nos separaban unos 10 kilómetros por la montaña. Ya la noche comenzaba a caer y nosotros recién partíamos. Mientras caminábamos por un sendero cerca del acantilado, al final del pueblo, veíamos a la *Naranja Mecánica* y la *Sombra Gris* en la bahía. Por sus parlantes en forma irónica hacían sonar el himno a Malvinas una y otra vez como si fuera un sin fin. Cruzamos a varios de nuestros comandos tirados en forma estratégica apuntando a los barcos ingleses y nos decían a nuestro paso: —"Sigan sigan, todo está bien."

Seguimos nuestro camino; la noche ya había caído sobre nosotros, estábamos agotados, sentía que el bolso me pesaba una tonelada y decido tirarlo para seguir más liviano. Todo lo que me acompañaba hasta entonces, todas mis pertenencias las abandoné ahí. Hoy en día lo veo desde otro lado, y me doy cuenta que más de una vez cargamos con cosas que nos detienen, que nos pesan, que nos quitan agilidad, pero tememos dejarlas. Solo en momentos críticos somos capaces de evolucionar y soltar... Igual hoy me encantaría encontrarme con lo poco que dejé en ese momento, para confirmar una vez más lo mucho que nos puede impulsar el dejar atrás aquello que nos pesa.

En el medio del camino de montaña, nos dábamos cuenta que nos habíamos alejado de la costa por el sonido del himno que se escuchaba lejano y distorsionado. Al llegar a una pequeña planicie dos bengalas hacen que se ilumine todo de color naranja y nos vemos en ese instante rodeados por militares ingleses gritándonos que nos pusiéramos de rodillas con las manos en la nuca, exigiéndonos el nombre de quien nos comandaba. El no estaba con nosotros. Por lo tanto el marino mercante (Gastón Briatore, fallecido hace unos años) toma la palabra y les explica que éramos civiles rendidos en camino al puerto Stromness.

De inmediato nos comienzan a gritar que nosotros éramos el entremés y que el plato fuerte era Malvinas. Nos humillaron por un buen rato antes de decirnos que éramos prisioneros de la reina de Inglaterra. Nos revisaron a todos y decían una y otra vez que no creían que éramos civiles, que la mentira se había acabado. Recibiríamos nuevas indicaciones al llegar a Stromness.

Nos ordenan entonces que continuemos caminando. El sendero se fue tornando sumamente angosto, haciendo que nos pusiéramos a caminar en fila india. De un lado teníamos el brisco y del otro lado la bahía de Stromness. Ahí empiezo a notar que la luz verde y colorada de la proa *Sombra Gris la Plymouth* (fragata inglesa que después de Georgias fue dejada fuera de combate por las Fuerza Aérea en el estrecho de San Carlos) va moviéndose y apunta hacia nosotros... ¡les grito a mis amigos que se agachen! Todos nos tiramos cuerpo a tierra; tres impactos con sus sonidos terroríficos nos petrificaron: el primero cuando dispararon el cañón, el segundo cuando los proyectiles pasaron por nuestras cabezas y el tercero cuando pegaban en la cabecera de playa.

Simultáneamente los botes *Zodiac* que estaban con soldados en la bahía se oían más cercanos y también abren fuego contra nosotros. Todo se tornó una locura, los sonidos, las luces de las balas y nuestro terror a que nos mataran, el marino mercante vuelve a gritar que éramos civiles que no dispararan. Pero siguieron los disparos por un buen rato y nosotros sin despegar la cabeza del suelo. No entendía por qué nos atacaban si estábamos desarmados y entregados como prisioneros. Solo quería que se detuviesen. De pronto; solo silencio, y un confuso y oscuro momento.

A los gritos nos dieron la orden que siguiéramos caminando hasta la cabecera de playa. Estábamos cerca del agua, el suelo era de piedras pequeñas. En cada paso que dábamos nos hundíamos un poco y nos íbamos mojando cada vez más. La bruma y la humedad que venía del mar nos iban empapando. El frío nos congelaba hasta los huesos. Todo lo que estábamos sintiendo en lo físico y emocional era en extremo intenso. El cuerpo entumecido, que no paraba de temblar, los dientes nos castañeaban, la incertidumbre, sentirnos solos e indefensos, sentir bronca e impotencia. Fue la primera vez que la vida y la muerte las sentí tan peligrosamente cerca. Pero esa no sería la última vez...

Llegamos y aun la noche estaba cerrada. Faltaba un buen rato para que amaneciera. Eso empeoraba todo.

Otro comando inglés nos estaba esperando en la playa, serían unos 20 soldados ingleses, nos ordenan arrodillarnos y que pusiéramos las manos cruzadas detrás de la nuca. Nos rodean quedando detrás de nosotros y martillan sus armas apuntándonos a la cabeza a cada uno de nosotros. Estábamos mirando hacia el mar, veíamos las luces de todos los barcos que había. Estaban convencidos que entre nosotros habían soldados infiltrados. Así que uno de ellos comenzó a caminar detrás nuestro. Nos pegaba patadas en las plantas de los pies, para que dijéramos cual de nosotros era militar y volvían a martillar sus armas. No recuerdo cuanto demoró esa tortura. Para mí fue eterna.

Comenzó a llover agua nieve. Todo iba empeorando.

Era inevitable pensar que no sobreviviríamos, pensé varias veces "bueno hasta acá llegamos", "de esta no salimos", "hoy creo que muero por mi patria"... así sentía. Después de todo no seríamos los primeros ni los últimos civiles que morían en una guerra.

Les repetíamos una y otra vez hasta el cansancio que ninguno de nosotros era infiltrado. Cuando vieron que no obtenían la respuesta que esperaban nos tomaron de la ropa y nos tiraron hacia atrás. Nos ordenaron alejarnos un poco de la orilla, y nos dijeron que pasaríamos la noche a la intemperie.

Unos 4 ó 5 soldados con armas nos rodearon para vigilarnos. Nos acercamos lo más que pudimos para intentar generar un poco de calor por mínimo que fuera. Algunos lloraban otros gritaban, otros trataban de hacer que nos calmáramos, y todo se traducía en un gran murmullo. Las horas pasaron, obviamente nadie durmió hasta que por fin comenzó a amanecer. A medida que se iba haciendo de día, veíamos lo inmensa que era la flota de barcos que habían llegado. Un centenar de soldados caminaba por todo el puerto, otros no paraban de descargar pertrechos de las embarcaciones.

Se nos acercan preguntando por dos de nosotros en particular y se los llevan para ser interrogados al buque *Endurance*. Otra vez les insisten para que digan cuales de nosotros éramos infiltrados militares. Ellos vuelven a explicarles que todos éramos civiles por enésima vez. Los interrogaron por varias horas intentando obtener el máximo de información sobre los militares que se encontraban en Georgias y los cazabobos instalados sobre las playas por nuestros militares. Mientras tanto ellos observaron en las paredes fotos de todos los barcos y aviones nuestros con el titular "conozca a su enemigo" y un mapa con un plan de ruta en el que indicaba que la flota de Inglaterra llegaría primero a la isla de Ascensión y desde ahí se dividiría en dos dirigiéndose una parte a Malvinas y la otra a Georgias.

Les explican que nos llevarían a todos en un barco más grande a Punta Arenas. Su idea era negociar la paz a cambio de nosotros.

Al rato de haber regresado donde estábamos nosotros nos llevan a todos en varias lanchas a bordo de la fragata. Ahí marchamos, a los gritos y empujones hasta subir a bordo. Buscaban cualquier acto de rebeldía para tener la excusa de dispararnos. Al llegar a la *Plymouth* nos dan un baño con vapor. Nos alimentaron con un té con leche caliente y un poco de pan. La antesala de un cuarto de máquinas oficiaría de dormitorio. Aunque el piso sería nuestra cama, al menos el calor de las máquinas evitaría que siguiéramos pasando frío. Entre nosotros era muy difícil mantener la calma. Todo el tiempo nos amenazaban diciéndonos que nos matarían, y por más que uno intente pensar positivo se tornaba bastante difícil conseguirlo. Nada de lo que sucedía a nuestro alrededor colaboraba.

A la mañana siguiente luego de desayunar otro té con leche y pan nos avisan que seríamos trasladados a otro barco en Grytviken para ser enviados a Punta Arenas. Subimos a las lanchas y nos llevaron en grupos hasta la fragata *Antílope*. Una vez que estuvimos todos partimos hacia el mar.

Estábamos recluidos en un calabozo, iluminados solamente por un sol de noche. No sé cuanto pasamos ahí. Teníamos que tratar de entender que decían así nos adelantaríamos a los hechos, pero se hacía imposible seguir la línea de lo que pasaba. Uno perdía por completo la dimensión del tiempo y el espacio.

De pronto abren la puerta y me indican a mí y otro compañero que salgamos. Nos dirigen al helipuerto a empujones con sus armas en las manos. Ya ubicados en la popa de la fragata nos hicieron arrodillar con las manos en la nuca, pero de todas formas se veía a nuestro alrededor, estábamos navegando y saliendo de la bahía de Stromness, se podía ver varios barcos y movimientos de helicópteros, la fragata zarpaba hacia mar adentro. Nos hacen subir al helicóptero de combate chico con dos plazas adelante y un banco a lo ancho detrás, y mientras el copiloto nos apuntaba con su 9mm, despegamos. Nos decía que sería nuestro último viaje, el piloto cabeceaba nervioso. De mi parte no tenía la mínima intención de moverme, ni que abriera fuego con esa arma. Desde el aire la inmensidad del océano parecía aun mayor. No volábamos a mucha altura y descubrí que el rumbo era al *Tyderspring* (buque de reabastecimiento inglés donde estuvimos prisioneros la mayor parte del tiempo), ese barco mucho más grande que los anteriores nos esperaba en pleno océano. Muy a lo lejos divise la isla de Georgias. Al bajar del helicóptero siempre llevábamos las manos en la cabeza y nos ordenan tirarnos al piso. Una vez que despega nuevamente nos hacen poner de pie y desnudarnos. Otra vez el frío insoportable. Unos 14 grados bajo cero y nosotros totalmente desnudos. Cuando revisan nuestra ropa teníamos a todos los soldados del buque apuntando a nuestras cabezas hasta los que estaban en la baranda del piso superior. Nos dicen que tomemos nuestras cosas y comencemos a caminar. Así nos van empujando, y bajábamos cada vez más, ya no había luz natural, el olor a gasoil y a frío era predominante, dicho sea de paso, hoy día me pasa que cuando navego y siento esos olores, me catapulto a esos momentos. Seguimos bajando obviamente siempre escoltados por tres guardias hasta el calabozo debajo de la sentina. Lugar por debajo de la línea de flotación y ahí quedamos a la espera del resto de los prisioneros. Ya en ese momento seríamos separados en grupo. El mío estaba conformado por 14 personas, pero ya mezclados con militares que también habían tomado como prisioneros. Motivo por el cual para los ingleses dejó de importarles si éramos o no civiles. A partir de ahí fuimos considerados militares también.

Una vez más perdí la noción del tiempo y el espacio. No tenía idea de cuantas horas o días habían pasado. El único contacto con el exterior que teníamos era el momento en el que nos golpeaban la puerta para que nos alejáramos de ella y así dejarnos un tacho de unos siete litros con acaroína (desinfectante) para que hiciéramos nuestras necesidades. Y un montón de tazones para que nos sirviéramos una "sopa" que nos dejaban.

Golpean nuevamente la puerta, nos alejamos de ella y con asombro recibimos la visita de Astiz, entra al calabozo y se dirige directamente hacia mí.

—"Quería saber si estás bien."

—"Sí, lo estoy."

Nos dice que nos quedáramos tranquilos que ya se sabía que estábamos como prisioneros. Aunque no podíamos quedarnos muy tranquilos porque pensábamos que si este barco era atacado por nuestros propios militares el final era el mismo.

Una vez que se retira Astiz nos vienen a buscar y nos llevan en un grupo de 4 ó 5 -no recuerdo bien- que debíamos ir a bañarnos. Le pido a uno de los soldados que me permitiera ir al baño, me autoriza pero queda parado frente a mí en la puerta con el arma en la mano mientras me decía en forma irónica:

—"Que se siente pensar que mañana podrías estar muerto...", yo fingía no entenderlo. Una vez que terminé seguí caminando hacia las duchas, me baño me seco y vuelvo a ponerme la misma ropa sucia que estaba usando.

En vez de hacernos volver al calabozo nos llevan al helipuerto que estaba cerrado por cortinas metálicas de ambos lados y vemos que empiezan a reunirnos con el resto de los civiles. Dicho sea de paso, era sabido que los que estábamos en la casa amarilla, así llamaban a mi casa, éramos mal vistos por algunos que pensaban que teníamos mas información y además éramos responsables de lo ocurrido. Aunque nada de eso era cierto no dejaban de decirlo y la convivencia se hizo muy difícil entre nosotros. Eso sumado a estar constantemente custodiados por los guardias ingleses que nos trataban peor que a animales tornaba más que incomoda la situación. Del grupo original, los dos chilenos, los dos uruguayos y el español estaban en camarotes en cubierta sin poder tener contacto con nosotros.

De pronto la cortina de la popa se abre y pudimos volver a ver la luz del sol después de vaya a saber cuántos días. Nos acercamos hacia la red de soga que estaba colocada con pilares movibles, estas se usan cuando no está por bajar el helicóptero. Había varios militares y se nos acerca a nosotros el comandante del *Santa Fe* capitán Bicain, para informarnos una vez más nuestra situación de prisioneros. Nos dice que ellos y nosotros éramos 187 si me acuerdo bien y estábamos todos en el buque de abastecimiento en que nos encontrábamos, pero uno solo estaba prisionero en una fragata. Ese prisionero era Astiz, a quién por alguna razón decidieron separarlo. La Cruz Roja sabía de nosotros y que estábamos protegidos por la convención de Ginebra, aunque el comandante lo debe haber dicho con la intención de contenernos o traernos calma, en nuestro fuero más íntimo no nos aseguraba nada. Pero cualquier luz de esperanza de sobrevivir sirve e intentábamos con todas nuestras fuerzas de ser optimistas y pensar que todo terminaría pronto. Antes de retirarse el comandante del *Santa Fe* nos pregunta cuales habían sido nuestras órdenes antes de partir de Buenos

Aires… pero no sabíamos de que nos hablaba, de todas maneras dijo que nos iban a dejar en el puerto más cercano, presumiblemente, Punta Arenas, Chile.

Pasamos la noche en el helipuerto, durmiendo ordenados en catres de lona y con unas bolsas de dormir que nos habían dado, el lugar se iluminaba en forma permanente con una luz roja.

A la mañana muy temprano, nos despiertan nos traen té y pan, improvisan un baño, cuelgan la bandera inglesa que se veía claramente desde el nuevo wáter (inodoro), y con eso la usamos por varios días de inspiración para luchar contra la constipación.

Abren finalmente el portón levadizo de la popa, el barco ya estaba quieto fondeado en la bahía de Grytviken.

Desde donde estábamos se divisaba el puerto y veíamos claramente el hundimiento del submarino *Santa Fe*. La flota inglesa lo rodeaba disfrutando de ese triste final. Después de haber sido el artífice del desembarco de nuestros soldados en Malvinas en la *Operación Rosario* en la madrugada del 2 de abril de 1982, continua su viaje hacia Georgias para apoyar la toma de esa isla pero por el mal tiempo reinante en ese momento no les es posible llegar, quedando amarrado en aquel puerto, esa mañana del 24 de abril el submarino pretende salir de la bahía con las primeras luces del alba, es interceptado por un helicóptero que hace estallar un misil en la vela, eso impidió que pudiera sumergirse. Ahí es abordado por los ingleses y toman prisionero a Artuso y los tripulantes llevándolos a puerto. Luego de hacer descender a todos lo abordan de nuevo con Artuso para que cerrara las escotillas y evitar el hundimiento del mismo. En una confusa maniobra que hace pensar al soldado inglés que el suboficial Artuso intentara abrir las escotillas para que el submarino se hunda le dispara en la cabeza. De esta manera el *Santa Fe* y Artuso encuentran juntos su final.

Nuestra vida siguió en la bahía por un par de días más. Nos permitían estar en cubierta unos diez minutos por día, mientras debíamos hacer ejercicios, lagartijas y algunos saltos. Para luego volver a encerrarnos en el calabozo. No dejaba de pensar en mi familia, las caras de miedo de los compañeros, llantos… y mil preguntas al jefe, como si el tuviese las respuestas a su destino. De mi parte no entendía como mierda estaba en esta situación y lo que es peor, como había llegado a pensar en perder la vida, me sentí que estaba perdiendo la cordura. En cada oportunidad nos decían que ahora seguía Malvinas que sería invadida de la misma manera que lo habían hecho con Georgias. La guerra ya estaba ganada según ellos.

Un helicóptero transportó a dos de nosotros para que fuéramos a buscar los bolsos que habíamos tirado cuando tuvimos que caminar aquellos diez kilómetros como prisioneros. Al regresar con las cosas, en mi bolso solo había quedado un sweater y un par de cosas más. Los habían saqueado obviamente. Así que todas mis pertenencias, aunque por supuesto no eran muchas, se vieron reducidas a su mínima expresión. Con la resignación que ameritaba la situación, intenté convencerme que no tenía importancia haber perdido lo que tenía. Después de todo en cada momento nos recordaban que podíamos perder lo más preciado que nos quedaba: la vida…

Nuestra celda en el buque pasó a ser el helipuerto con sus persianas cerradas. Nos acercaron otra vez un tacho de 200 litros cortado al medio con una manguera en su borde con acaroína. Se dejó en un rincón y colgamos un trapo como cortina para que nos diera cierto grado de intimidad. El barco comenzó a navegar a partir de ese día. Había muchísimo viento, marejada y tormenta, la cual nos acompañó por bastante tiempo luego de zarpar.

Cerca de la persiana colgaba una cadena que se movía como un péndulo de un lado al otro, eso me marcaba la dimensión del movimiento que llevaba el buque por el tamaño de las olas.

Mientras tanto pasábamos la mayor parte del día sentados, mojados por la permanente humedad del buque mirando la persiana, pues así lo había dispuesto un sargento de la Royal Navy y sin poder hablar entre nosotros. Qué manera de pasar frío… desde entonces lo sufro muchísimo y de verdad lo odio.

El lugar de nuestro encierro medía unos 8 metros de ancho, 6 de alto y 12 de largo. En los laterales eran paredes y en los extremos eran gigantes persianas metálicas. En uno de los extremos había una puerta que nos llevaba a la proa y la persiana del otro lado a la popa donde estaba el helipuerto a cielo abierto.

Aún nos esperaban veinte largos días.

Obviamente no pasó demasiado tiempo en que perdiéramos la cuenta de las horas y los días. Esperábamos con ansias esa media hora para poder sentarnos a ver el mar desde la popa. Durante todo el tiempo estábamos vigilados por 4 ó 5 soldados siempre con sus armas en mano. Conforme pasaba el tiempo ellos se convencen por nuestras actitudes que no éramos tan indios como creían, y eso hizo que uno de ellos tan solo un año mayor que yo comenzara a hablar conmigo. Y ahí estábamos dos adolescentes de 18 y 19 años embarcados en un buque en medio del océano, siendo partícipes de una guerra. Ambos amantes de las motos, incluso coincidíamos en la marca de la moto. Una *Triumph* nos estaba esperando al regreso a nuestros hogares respectivos. El era buzo táctico, obviamente hacía poco que estaba en la Marina y le había tocado participar de este conflicto. Siempre me decía que en verdad el lo tomaba como un trabajo por supuesto. Ni siquiera sabía donde quedaban las Malvinas. Y que por supuesto no tenía nada personal con Argentina. Después de todo que resentimiento puede tener un chico de 19 años con un país que se encuentra a miles de kilómetros de distancia. Una tarde se me acerca y me dice que al día siguiente el buque *Antílope* se acercaría a nosotros para transportar unos cuantos soldados para invadir Malvinas. Intenta mostrarse tranquilo, pero los dos sabíamos que en la guerra la parca anda más cerca y viene con gusto a hacer su trabajo. El tenía tanto miedo como yo. Éramos victimas de lo que estaba ocurriendo y no podíamos escapar por nuestra cuenta.

Nuestros desayunos siempre eran té con leche y un trozo de pan. Los almuerzos y cena consistían en un ensopado con guisantes, arroz un poco de carne y mucho líquido. Según la cantidad de oleaje que presentaba el mar había veces que ni siquiera nos podían servir esa comida. Un día vemos como gran novedad el cambio del menú cuando nos traen arroz con curry. Jamás olvidaré lo picante que estaba... Y las risas de los soldados. Demoraron un buen rato hasta acercarnos agua. Era desesperante. Pasaron varias comidas y otra vez repiten este menú. Claro que esta vez no caeríamos en la trampa, separamos el curry y todos comimos un enorme bocado de arroz. Otra vez caímos, el picante estaba en el arroz. Son esas bromas pesadas que en las condiciones en que nos encontrábamos causan más humillación y más impotencia. No poder explotar, no poder gritar, putear, hacer algo que no sea agachar la cabeza y volver a sentarte a tu lugar húmedo, frío y mirando una estúpida persiana.

Los días pasaban con nuestras rutinas diagramadas por las comidas, el ansiado recreo en popa, charlas en las que nos íbamos contando nuestras vidas y quienes nos esperaban en el continente. Novias, esposas, familias. Y en mi caso, que no quería ser menos que los demás a quienes les esperaba a todos un amor, decidí inventarme una novia. Una chica que no hacía mucho tiempo había conocido, de la cual me fui enamorando de ella a medida que les contaba a mis compañeros sobre una relación que solo estaba en mi imaginación. En ese momento me aferré a ella con todas mis fuerzas. Para mí era perfecta, no tenía defectos y nos amábamos con locura. Todo un amor idealizado con una chica que ni siquiera tenía idea del noviazgo increíble que estaba viviendo. Yo estaba tan convencido como el lugar donde me encontraba.

Salir a cubierta era lo más esperado por todos. Cambiar el olor de las máquinas por aire puro era un premio, un placer inmenso. Poder inspirar profundo esa bocanada de aire fresco, sin contaminación, sentir que uno se limpia por dentro. Ver la luz natural, el sol tan deseado, que minutos más tarde volvía a reemplazarlo la "luz de noche". Esa luz muy particular que permite ver todo pero es oscura.

Nos trastornaba muchísimo las veces que nos cambiaban la rutina. El hombre no solo se acostumbra a las rutinas sino que en varios casos la necesita. Nos da seguridad o tranquilidad. Es raro, pero es así. Había veces que demoraban una hora más de la esperada en traernos el almuerzo o la cena, o no nos permitían bañarnos algunos días. Es difícil de creer, pero un cambio tan mínimo en la costumbre genera una ansiedad enorme.

Cada vez que salíamos y veíamos los guardias apuntándonos no podíamos evitar pensar en que no necesitaban ninguna excusa para matarnos. Nadie se enteraría. Era difícil pensar en el mañana. Proyectar, hacer planes a largo plazo era un gran esfuerzo.

Y desde entonces no pude volver a planificar tan lejos. Me sigue pareciendo raro cuando escucho frases como: "en dos años voy a viajar", o, "en tantos años cambio el auto". La guerra te enseña que lo mejor que podés hacer con tu vida es vivirla acá y a pleno, porque no sabés cuanto tiempo vas a estar. Está bien planificar o tener una meta, pero priorizando siempre el vivir hoy y ahora con todo.

De todas formas en ese momento pensar en largo plazo fue un ejercicio que de alguna manera nos obligábamos a hacer cuando sentíamos que la esperanza se escapaba. Y aprendimos a agradecer por las noches haber sobrevivido un

Izamiento dos pabellones el día 2 de abril - Serge Briez ® Copyright 1982

Proyección desde el velero (arriba), y su tripulación (abajo) - Serge Briez ® Copyright 1982

El autor, Fabián Costa.

Vista de la bahía de Georgias - Serge Briez ® Copyright 1982

Militares y civiles el 2 de abril - Serge Briez ® Copyright 1982

Bolsa de empaque de harina de ballena - Serge Briez ® Copyright 1982

Bote para cazar ballenas (arriba), y chimenea de factoría (abajo)
Serge Briez ® Copyright 1982

Tanques de aceite de ballena - Serge Briez ® Copyright 1982

Dos imágenes de un día de trabajo - Serge Briez ® Copyright 1982

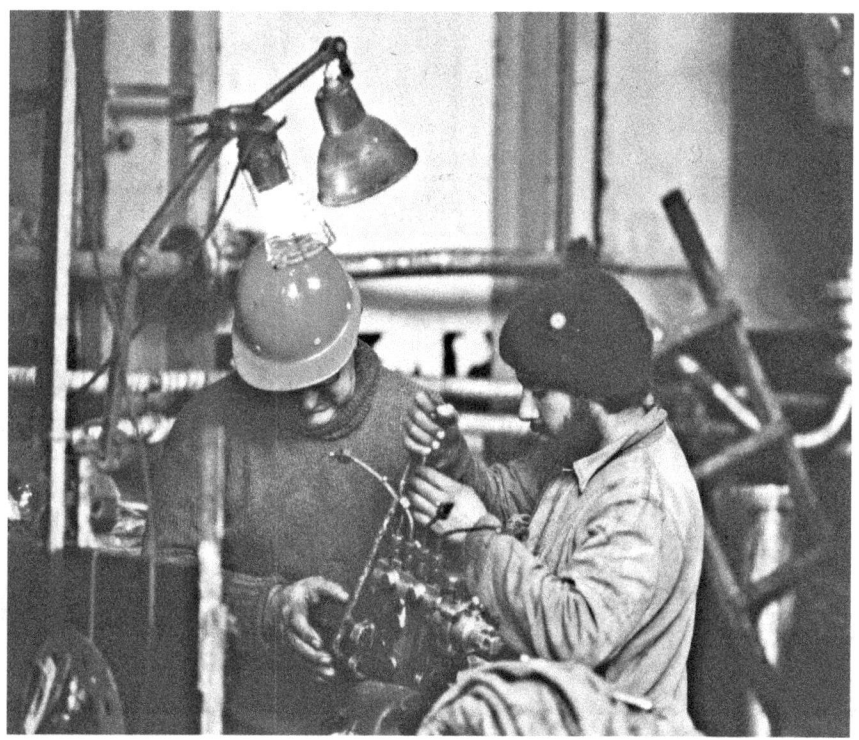

Helicóptero argentino derribado en la toma de Georgias (arriba), y descarga de tachos de combustible a la lancha Fénix (abajo) - Serge Briez ® Copyright 1982

Llegada del velero francés a Georgias - Serge Briez ® Copyright 1982

Desembarco de la lancha *Fénix* a Puerto Stromness

Despedida de mi padre

A bordo del velero francés con buzos tácticos - Serge Briez ® Copyright 1982

Muelle de Puerto Leith

Cementerio de Georgias

Rescate de la *Fénix* con el velero - Serge Briez ® Copyright 1982

Otra vista del muelle de Puerto Leith - Serge Briez ® Copyright 1982

Vista de galpones en Puerto Leith - Serge Briez ® Copyright 1982

Puerto Leith, isla de San Pedro

Richard y yo, en el *Bahía Buen Suceso*

Pabellón Nacional en Georgias

Obreros trabajando

Acopio de materiales - Serge Briez ® Copyright 1982

Puerto del velero - Serge Briez ® Copyright 1982

El A.R.A. *Bahía Buen Suceso* en la bahía Stromness

Soldador trabajando - Serge Briez ® Copyright 1982

Obreros preparando la primera carga - Serge Briez ® Copyright 1982

La lancha *Fénix* vuelve a trabajar - Serge Briez ® Copyright 1982

Mañana helada, el 2 de abril - Serge Briez ® Copyright 1982

La lancha *Fénix* horas antes de quedar al garete

Myrtha Lavergne, mi mamá

Verónica Costa, mi hermana

Ivonne Zinni, viuda de Carlos Costa (mi papá)

Las cartas que esperaban mi regreso

Tripulación del velero francés - Serge Briez ® Copyright 1982

Festejos el día 2 de abril - Serge Briez ® Copyright 1982

Hospital utilizado como cuartel militar - Serge Briez ® Copyright 1982

Firma del cuadro que se le regaló al velero - Serge Briez ® Copyright 1982

Antiguos talleres de Georgias - Serge Briez ® Copyright 1982

Fotografía del día 2 de abril - Serge Briez ® Copyright 1982

Seguimos trabajando - Serge Briez ® Copyright 1982

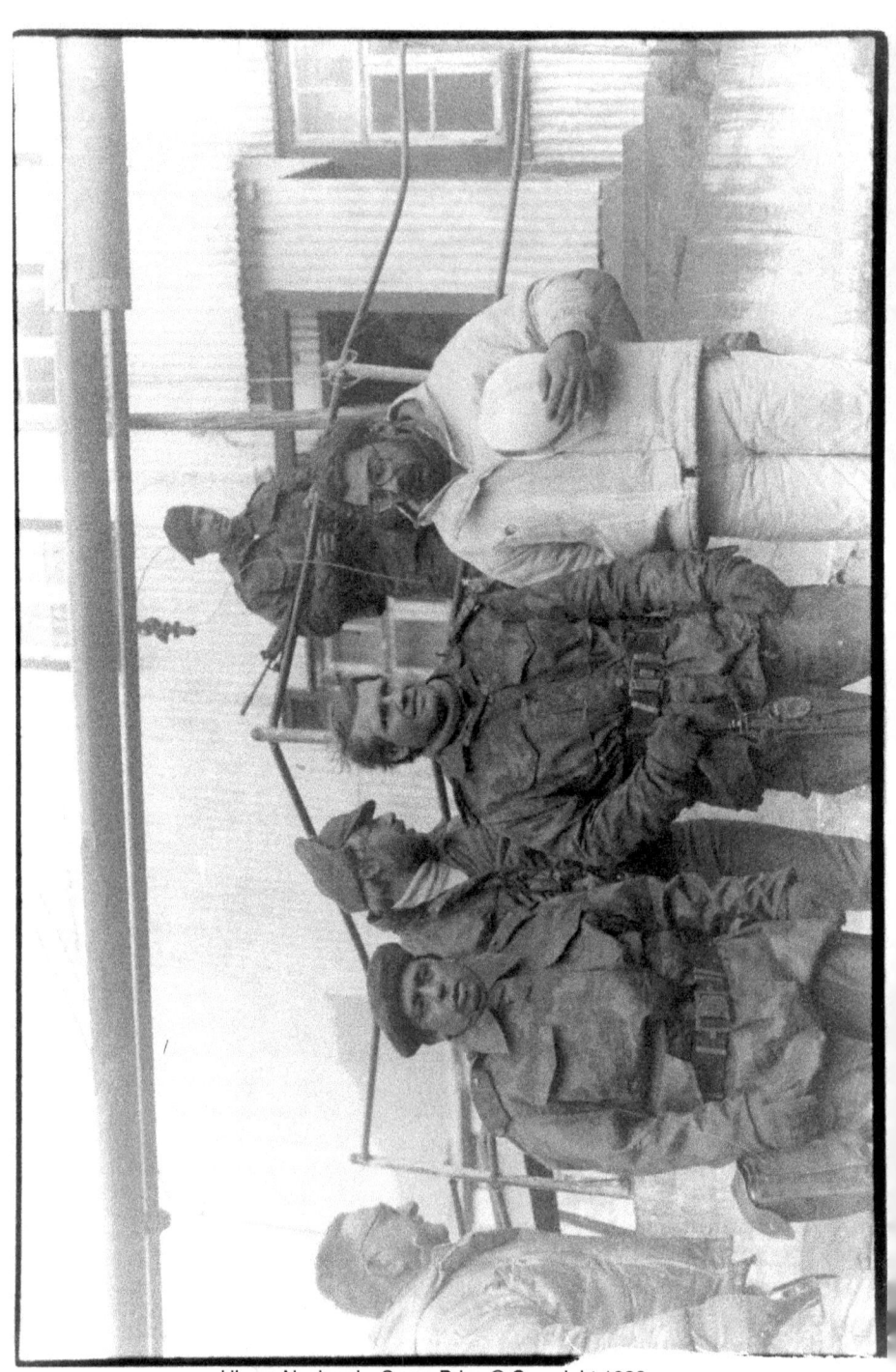
Himno Nacional - Serge Briez ® Copyright 1982

Pabellón Nacional del 2 de abril - Serge Briez ® Copyright 1982

Buque antártico - Serge Briez ® Copyright 1982

Despedida del grupo de franceses - Serge Briez ® Copyright 1982

Día feriado - Serge Briez ® Copyright 1982

Festejos el día 2 de abril - Serge Briez ® Copyright 1982

Tumba de navegantes - Serge Briez ® Copyright 1982

Capilla de Grytviken - Serge Briez ® Copyright 1982

FABIAN COSTA

Aunque eres el FABIAN del mismo nombre,
el de la misma identidad de aquel Belgrano,
por pelearle a la vida mano a mano,
poniendo huevos, hoy sos todo un hombre.

Te lo bancaste todo sin rendirte,
en las Georgias y Ascensión lo demostraste,
cuando preso del inglés no te arrugaste
a pesar del infierno que viviste.

Yo que pibe te vi, no tengo empacho
en declarar, jurando cual testigo,
que te ganaste el DNI de macho.

Y que siga iluminando tu sonrisa
la noche y la esperanza de un amigo
hasta darle, si es preciso, la camisa.

Luis
14.1.93

Poema de mi amigo Luis Mones Ibáñez – Transcripto en página 98

Era un adolescente, alegre, bromista de muy buen humor estudiaba y salía con sus amigos, como cualquier joven de su edad.

Un día llegó la oportunidad de ir a las Islas Georgias a desarmar una ballenera, estaba muy entusiasmado, era una aventura, y vaya si lo fué, ya todos sabemos que pasó.

El gran día llegó, el puerto era una fiesta. Cuando lo encontré no era él. Despedí a un adolescente y vino un hombre. Un hombre serio, callado, triste, ya no sonreía. Ese día se dedicó a la familia y amigos.

No se le preguntaba nada porque él no podía hablar de ese pasado.

Muy despacio se fué incorporando a la nueva vida, pero sin contar nada, era todo para él solo y de a poco, mes a mes, día a día fue sacando todo muy de a poco. Recuperó su buen humor y su gran carácter.

Carta de mi madre – Transcripta en página 100

Fabián Costa y Soledad Malgor

día más, y lo agradecíamos desde lo más profundo de nuestro ser.

El encierro es tan enfermante... Enloquece hasta al más cuerdo. La idea constante que nos podían matar en cualquier momento nos llevó a vivir en permanente estado de alerta. Este sentimiento me ha acompañado hasta hoy en día en diferentes medidas.

También me gustaba salir a la cubierta para ver a un albatros que volaba como si flotara sobre la estela del buque, había veces que dormía mientras volaba, era enorme más de dos metros de envergadura. Nos seguía esperando los deshechos del barco para alimentarse. Siempre me preguntaba, como el que podía hacerlo, no se alejaba de ese peligro que yo no podía dejar de sentir.

Para ocupar las horas jugaba ajedrez, me peleé, los insultaba en jeringozo a los guardias, inventábamos juegos, o adaptábamos otros como el bádminton: una piola funcionaba de red y nuestras manos eran las raquetas. Estábamos jugando un partido y una discusión por una tontería, -que en ese momento era importantísimo- hizo que comenzáramos a pelear entre los cuatro que estábamos jugando. Los guardias de inmediato vinieron a separarnos y en la discusión aprovechamos a empujarlos a ellos. No fue una buena idea hacerlos enojar. Pero necesitábamos tanto liberar la bronca acumulada. Pronto volvimos a la calma ya que tampoco era necesario presionar tanto las cosas. Después de todo estábamos en clara desventaja.

Un par de veces nos tocó el turno con otro compañero de ir por la comida. Siempre nos hacían mover de a pares y por supuesto siempre bajo la mirada atenta de un soldado armado. Al pasar por los pasillos antes de la cocina veíamos fotos con carteles que decían que iban ganando la guerra, y una foto de Buenos Aires bombardeada. Y al no tener ningún tipo de comunicación con el exterior para nosotros todo eso era verdad. Sicológicamente nos iba arruinando. No dejaba de pensar que pasaba en Malvinas y por lo tanto mis amigos, compañeros de colegio que estaban bajo bandera, ¿estarían en la guerra?, ¿Buenos aires bombardeada?, ¿mi familia?

Eran pizarras de novedades donde pegaban esos carteles. En la cocina le pregunté a un integrante si lo que decía en ellos era cierto, y para mi sorpresa su respuesta que fue en castellano, me dice que su mamá no lo dejaba hacer comentarios ni hablar mi lengua. Sé que están pensando en lo complicada que sería su madre, pero se refería a la Marina de esa manera.

Merece aclarar que dentro de los soldados estaban aquellos que nos trataban con todo su odio y otros quienes sentían algo de empatía y nos trataban con educación y amabilidad. Cosas que en esos momentos uno aprende a valorar enormemente.

En otra oportunidad con la misma tarea, estábamos pasando a unas 100 millas náuticas de la altura de Malvinas cuando dos compañeros más y yo somos dirigidos con guardias y con expresa orden de no mirar hacia el mar. No debíamos despegar la mirada del piso. Ni bien pasamos la puerta y salimos a popa lo que vimos nos dejó sin palabras. Era incalculable la cantidad de barcos de todo tipo y tamaño que se estaban acercando a nuestro buque para reabastecerse y volver al combate en Malvinas. Era imposible determinar la cantidad de ellos. De solo verlos daba miedo. El poderío náutico, era abrumador. Seguimos a buscar el almuerzo y al pasar por la cocina nos convidaron con un porro así que ¡volvimos cantando la marcha peronista entre risas!

Apenas podía caminar, me acuerdo que tenía un porro y se lo ofrezco ni bien llego a un compañero, y me responde "no necesito eso". Me sentí avergonzado pues para mí si era necesario, luego entendí que cada uno encuentra la manera que lo ayuda a afrontar esos momentos. Después de todo, ¿acaso un porro me iba a matar?

El tacho con nuestros desechos se había llenado; me toca con otro más la tarea de trasladarlo a la popa. Había un gran embudo de 50 centímetros de circunferencia en el que debía volcarse. Estábamos a unos 10 metros de altura. Las olas eran enormes ese día, lo que hacía muy difícil caminar con ese peso haciendo equilibrio para no volcarlo, ya nos habíamos salpicados los pies con desperdicios, pero el problema fue al volcar con mucho esfuerzo el contenido que llevábamos. No tuvimos en cuenta el vacío que las olas provocarían en el embudo y su manguera. Así que luego de volcar el tacho la física actuó y fuimos bañados por completo con todos los excrementos y orina. Mi socio en ese instante con voz de profesor de colegio, me dice que no se me ocurra contar lo que pasó. Ahora, ¡¿cómo diablos se hace para disimular el hecho que estábamos cubiertos de toda esa porquería y olíamos a ella?!

Entre arcadas y muertos del asco volvimos hacia nuestro recinto donde por supuesto todo el mundo comenzó a reírse. Fuimos directo hacia el otro extremo, donde pedimos bañarnos, y por suerte en unas horas nos concedieron el permiso.

Denigrados una vez más.

Y así continuaron los días, sin saber con exactitud que estaba sucediendo en la guerra. Donde estábamos geográficamente nosotros. En qué fecha estábamos, cuanto faltaba para llegar a Punta Arenas, o cuando y como terminaría todo.

Nadie nos informaba nada y por supuesto no existía forma de comunicarnos con el exterior.

Salimos dirigidos a las duchas y mi atención se fue directa a un "corral" que habían hecho en cubierta rodeado por más guardias. Dentro de el se encontraban los famosos gurkhas que estaban por ser enviados a Malvinas. Solo su presencia causaba terror. Hombres sin alma, máquinas, mirando al piso todos formados y sostenidos por ese corral, sus cuchillos calzados en las caderas, armas en mano, auriculares puestos. Unos pegados a otros e inmóviles. Eran como robots.

Pocas veces le permitían al comandante Bicain que nos viese. Por protocolo deben dejarlo. El también era uno de los 187 prisioneros que íbamos en el barco. Ese día nos informa que había un problema con Margaret Thatcher. Ella no creía que nosotros fuéramos civiles por lo tanto el capitán tenía orden de llevarnos a todos a la Isla de Ascensión cerca de África. Los comentarios triunfalistas se estaban disipando, Bicain entonces se dirige a unos pocos de nosotros y nos dice que Malvinas estaba sólida, que no habían llegado a desembarcar y que las fuerzas aéreas no les daban respiro. Fue una tranquilidad saber que las noticias en el pizarrón que habíamos visto eran falsas. El pecho se me llenó de orgullo y dejé de sentir temor por un momento, para sentir mi bandera más cerca que nunca.

Por lo pronto cambiábamos de rumbo, y nuestro destino era Ascensión la cual no teníamos idea donde quedaba. Íbamos a ser utilizados como intercambio para la paz.

Los sonidos de disparos con las ametralladoras eran constantes, practicaban tiro al blanco a cada rato. El ruido de disparos se había convertido en habitual. Más de una vez pensé "¡Basta! ¡Por favor basta de tiros!"

Un día en mayo, sentimos y vimos por lo poco abierto que estaba el portón que aterriza un helicóptero de la Cruz Roja. Fue lo único que pudo silenciar el sonido de las armas y las olas que golpeaban el buque. Venían a revisar nuestra situación y por primera vez no estuvimos vigilados por los guardias ni apuntados con sus armas. Minutos de paz en medio de tanta locura. Ver alguien de afuera con noticias del exterior era toda una novedad. En un primer momento fue un cruce de preguntas, de ambas partes. Todos queríamos saber todo. Hablábamos con ansiedad y superponiéndonos unos a otros. Las noticias no eran buenas; todo estaba muy complicado, muchas bajas de ambos lados. Los ingleses estaban ya formando su cabecera de playa con apoyo de la Royal Navy, y un rumor indicaba que estaban recibiendo ayuda logística de parte del gobierno de Chile. La Fuerza Aérea Argentina estaba siendo reconocida por su valentía y bravura atacando en forma suicida al enemigo.

Nos reiteran que siguen sin creer que seamos civiles. Y que de todas maneras nos utilizarían para negociarnos.

Nos aclaran que no creen que ganemos la guerra, pero que el mundo entero comentaba la valentía de nuestros soldados. Nos cuentan de la crueldad de los gurkhas, y la verdad después de haberlos visto en persona no me extrañaba. Mi primera pregunta fue si era verdad el ataque a Buenos Aires que lo habíamos visto en las fotos camino a la cocina. Nos dicen que era mentira. Me quedé más tranquilo por mi familia. Ellos también nos dicen sobre el cambio de nuestro destino.

Horas más tarde despegaron y volvimos a nuestras rutinas cotidianas. Lo único que había cambiado era el destino. Pero nada había hecho cambiar nuestro miedo constante a ser fusilados, la incertidumbre y sobre todo los enormes deseos y esperanza de vivir.

El clima tan gélido que veníamos sufriendo fue dejando paso al calor cuando nos acercamos al trópico de capricornio. Era tan placentero no sentir más frío. De pronto uno de los chicos no tuvo mejor idea que comentar la cantidad de tiburones que hay en el océano en esa altura. También podríamos "caernos" en otra de las salidas a popa... Por más que nos acercábamos a destino, aun las cosas podían salir mal.

Conforme pasaba el tiempo, calculábamos ya estar cerca de Ascensión hasta que por fin en nuestra salida a cubierta vemos a unas 40 millas la silueta de la isla. ¡¡¡Al fin estábamos llegando!!!

Aviones que se movilizaban, una inmensa flota de barcos, conformaban toda una imponente muestra de poderío militar. Volvemos a nuestro recinto, y el barco continúa navegando pero a menos velocidad. Hasta que detiene su marcha. Nos vendrían a buscar en helicópteros para trasladarnos a tierra firme. Varias horas pasaron y esta vez no nos dejaron salir a cubierta. Escuchábamos los aviones pasar muy cerca. Eran muchos. Nos hacen ir a la popa, cierran las cortinas y bajan las redes de contención. En el primer piso se veía a un grupo de militares apostados en las ametralladoras fijas. El sol encandilaba de ese lado. Un amigo me miró y me dijo: "Fabi ahora si somos boleta". Todo el tiempo viví con esa sensación; como diríamos en el barrio: estábamos regalados.

Al fin llegaron por nosotros. Ya era casi de noche, muchas horas pensando, si quedaríamos ahí, a donde nos llevarían y como sería. Estábamos a un par de millas flotando a media máquina como si quisieran evitar lo máximo posible que viéramos algo. El traslado se inició a medianoche.

Nos iríamos en grupos de diez, no recuerdo si me tocó el segundo o tercer vuelo. Mientras caminaba hacia el helicóptero me llamó la atención la cantidad incalculable de luces, tanto de las casas en la isla como la de toda la flota de barcos. Subimos al *Sea King* y al ser de transporte en la parte donde íbamos no se veía hacia fuera. Cuando aterrizó y abrieron las puertas para descender, habíamos sido rodeados por jeeps y camiones que apuntaban sus luces hacia nosotros, sumado a una inmensa cantidad de flashes de los periodistas que nos estaban esperando para entrevistarnos. Se formó como un túnel de gente y luces, en fila india caminamos hacia una habitación destinada especialmente para recibirnos en el aeropuerto. Los periodistas nos gritaban que éramos los primeros prisioneros de la guerra de Malvinas: "El mundo entero espera noticias de ustedes."

Mientras caminaba un periodista mexicano me iba preguntando si estaba al tanto que éramos los únicos prisioneros hasta el momento. Que el mundo estaba pendiente de nosotros. Me preguntaba cómo nos habían tratado. Si bien intentaba responder a la vez no entendía muy bien lo que el me decía, el me estaba dando tanta información con las preguntas que mi cabeza no podía recibir y procesar las respuestas a cosas que ni siquiera sabía. Todo se tornó confuso. Nos empujaban los guardias y la cantidad de gente que había.

Entramos a la habitación, fuimos recibidos por Marines de EEUU, nos preguntaban nuestros nombres nos dieron unos carteles con números, yo fui el **Prisionero 12**. Con ese cartel quedaron resumidos los días mas aterradores de mi vida. Nos sacaban una foto y nos llevaban a otra habitación que compartíamos con un compañero más. Desde ese momento pasamos a ser custodiados por un Marine. No podía creer que eran ¡¡¡americanos!!! ¡¿Cómo?! Si la última información que nos habíamos enterado era que estaban mediando antes de iniciado el conflicto. Y que no estaban de acuerdo en que Inglaterra forzara nuestra salida de Georgias. No entendíamos como habían pasado de ser mediadores a estar apoyando a Gran Bretaña. Poco tiempo después terminaría de entender todo. Claramente me había perdido varios capítulos estando prisionero.

No nos permitían hablar entre nosotros, así que pasamos varias horas en absoluto silencio. Pensando si realmente mi tiempo como prisionero se había terminado. ¿Estaba de verdad fuera de peligro? ¿O algo peor se aproximaba?

Capítulo 5
VOLVEMOS A CASA

Al llegar la noche, irrumpen a los gritos indicando que formemos, poco tiempo después nos llevan hacia varios colectivos con las ventanas tapadas. Los buses recorrieron unos minutos hasta la cabecera del aeropuerto donde un avión de la *Swissair* un DC-10 gigante, nos estaba esperando. Bajamos encandilados por reflectores y las luces de los colectivos y jeeps. Entre penumbras pude ver varias colas de jets de combate alineados detrás de la pista y numerosos equipos de combate. Me empujaban y aceleraban mi paso a la escalerilla del avión, y así fuimos subiendo los 187. Quedé delante de todos al lado de la puerta de la cabina, cuando personal de la Cruz Roja subió para informarnos que debíamos irnos sin Astiz pues sería trasladado a Inglaterra por otras causas que tenían con el. Así que volvimos a nuestros asientos.

El temor a morir no había desaparecido, las ventanas del avión estaban también tapadas con una cinta tape negra para que no fuesen abiertas, nos habían advertido que si las abríamos en tierra nos bajarían. Seguíamos sin poder ver que sucedía a nuestro alrededor. Temíamos ser derribados al despegar, la orden era mantenernos lejos de las ventanas y que no hiciéramos nada que les sirviese de excusa para continuar reteniéndonos. Nos habían liberado gracias a una intensa y dura negociación de la Cancillería Argentina.

Los motores se encendieron, comenzaron a acelerar, los movimientos del avión eran lentos y con la ansiedad que teníamos no podíamos esperar la maniobra, así que puteamos a todos pero todavía por lo bajo. Todos estábamos en silencio. El avión comenzó a carretear cada vez más rápido, dentro de mi sentía como si estuviese corriendo con todas mis fuerzas, cerré fuerte mis ojos y me veía libre, alejándome a toda velocidad, ¡una carrera hacia la tan ansiada libertad! Hasta que despegó y en ese instante todos nos unimos en un solo grito de alegría, lloramos nos abrazamos y liberamos toda la angustia que apretó el pecho durante todo este tiempo. Nunca el volar fue un significado tan profundo de libertad como ese instante. Despegamos de las ventanas todo lo que las tapaba y vimos por ellas como nos alejábamos de la isla.

Volamos por unas diez horas supongo. Nadie pudo ni tuvo la intención de dormir. Nos reencontramos entre nosotros, pues habíamos sido separados al momento de caer prisioneros más de veinte días atrás algunos y con otros un poco más. Iniciamos un intercambio de experiencias vividas que duró todo el viaje. La alegría era inmensa, ¡llenos de júbilo y dicha por lo que estábamos viviendo por fin! ¡¡¡Sobrevivimos y éramos libres!!! ¡¡¡La pesadilla había terminado!!! ¡¡¡Cantamos el himno y lo terminamos con un Viva la Patria!!!

Y como último desafío emocional: cuatro azafatas suecas rubias altas y de ojos claros acompañaron nuestro vuelo... era como estar en el paraíso.

Nos piden que volvamos a nuestros asientos y ajustáramos los cinturones; estábamos por aterrizar pero por cuestiones climáticas estábamos por descender en Uruguay, el aeropuerto de Carrasco nos recibía con lluvias y tormentas. No podíamos seguir en avión hacia Buenos Aires por más que gritamos y pedimos continuar. Estábamos furiosos, deseábamos tanto llegar a casa... parecía que era imposible volver de una vez. Seguíamos a la merced de los demás o de factores ajenos a nosotros. ¿Recuperaríamos en algún momento el control de nuestras vidas?

Se detiene el avión y nos piden que esperemos sentados, toma la palabra Bicain y se presenta al embajador argentino en Uruguay que fue a recibirnos. Debido al mal tiempo seríamos trasladados a Buenos Aires en un barco de la Marina.

Salimos del aeropuerto de Montevideo en varios ómnibus y comenzamos el recorrido hacia el puerto donde nos esperaría el barco que nos llevaría a Argentina.

Empezaba a amanecer eran cerca de las 6:30 de la mañana, nada nos había preparado para la sorpresa que nos esperaba a medida que íbamos adentrándonos en la ciudad. Cuando llegamos a la calle principal 18 de Julio vemos a todo el pueblo uruguayo a lo largo de nuestro recorrido con banderas argentinas y uruguayas en mano vivándonos, gritando que las Malvinas eran argentinas, diciendo que no aflojemos, y dándonos la bienvenida. Todos claramente estábamos más que emocionados, pero el llanto de emoción que tenían mis dos compañeros uruguayos aun sigo recordándolo. Hasta hoy en día guardo mi más profundo agradecimiento al pueblo uruguayo por recibirnos de esa manera. Fue una muestra de cariño y respeto que nos quedó marcado a fuego en el alma.

Al llegar, el ambiente estaba raro, nos dejaron esperando dentro del bus. Llovía, hacía mucho frío y no había calefacción. Demoraron en hacernos bajar del colectivo y permitirnos subir al barco llamado "Piloto Alsina". Entramos en el y nos hacen la venia; había gente de traje más que de uniforme y lo primero que hacen es mandarnos a un recinto. Otra vez estábamos recluidos, mientras a los militares los enviaron a camarotes. Esta vez no nos iban a tratar así. Obviamente nos enojó muchísimo, habíamos estado todos prisioneros de la misma manera y soportando los mismos tratos como para aceptar que los nuestros nos trataran en forma despectiva y haciéndonos sentir prisioneros de ellos. ¡Era lo único que nos faltaba! No demoramos en hacernos escuchar y terminaron derivándonos a donde queríamos. Zarpamos muy lentamente a eso de las 8 ó 9 de la mañana; siempre he navegado y hablando con Gastón (un camarada, que es marino mercante) esgrimíamos la cantidad de horas que tardaríamos en llegar a Buenos Aires desde Montevideo, ¿Diez horas? Más o menos, pero no llegaríamos sino hasta las nueve de la mañana del día siguiente, pronto sabríamos por qué.

Desde el momento de salir fuimos interrogados por el servicio de Inteligencia. Nos separaban del resto y comenzaban con preguntas como:

¿Tenes con vos rollos de fotos?
¿Sabes que no podes hablar nada de lo que viste o viviste cuando llegues a Buenos Aires?
¿Viste aviones de nuestra Fuerza Aérea en Georgias?
Etc…, etc…, etc…
Todo lo que digas, pone a la argentina en peligro y te vas a convertir en un traidor a la patria…

Fueron muchísimas las preguntas pero la que más me hizo ruido fue la de no poder hablar lo que habíamos vivido. Salíamos de una prisión física y mental para estar dentro de una emocional.

Seguí sintiendo miedo, pero esta vez de los míos. Había estado dispuesto a perder la vida por mi patria. Sabía de verdad lo que se siente al decir: "¡O juremos con gloria morir!". Pero por una extraña razón para estos tipos éramos el enemigo. No contestaban ninguna pregunta, no hacían comentarios. Se sorprendieron cuando les conté que la estrategia de Inglaterra había sido ir 100% a Georgias, ahí esperarían la logística de Chile, se reagruparían y ahí partirían a Malvinas. Ellos siempre creyeron que la flota se dividiría yendo parte a Georgias y la otra parte a Malvinas. Se hizo tarde y me agoté de hablar tanto. Me fui a dormir rendido. Pero soñé que seguía estando allá, y esos sueños continuaron durante meses. Parecía que nunca más volvería la tranquilidad.

Llegó la hora del desayuno: un chocolate caliente y churros, era el menú. Nos indicaron que primero desayunarían los soldados que habían estado prisioneros con nosotros. Obviamente pasamos primeros al desayunador. Nada nos haría sentir menos que ellos.

Cerca de las ocho de la mañana comenzamos a divisar el puerto de Buenos Aires, ya no contestamos más preguntas y exigíamos que nos desembarcasen

Al acercarnos al puerto los buques remolcadores hicieron un túnel de chorros de agua y tocaban bocina. Todos los buques de la dársena norte nos saludaban a nuestro paso. La gente se había reunido a lo largo del puerto para recibirnos. Llegamos a la dársena y desde las ventanas de los edificios tiraban papelitos. Sirenas sonaban y la gente nos esperaba vivándonos.

Subimos a cubierta, nos formamos en fila por escalafones los 187 prisioneros, mientras subían al barco el jefe de la Marina junto a una comitiva. Uno a uno nos fue estrechando la mano mientras nos iba agradeciendo por lo que habíamos hecho. Se cantó el Himno Nacional y el Himno a Malvinas. Comenzamos por fin a descender entre un túnel de gente que nos gritaba y clamaba. No estábamos del todo seguros de bajar solos, nos sentíamos amenazados y teníamos miedo de decir algo que pudiese ser una traición a la patria.

Intentaba con todas mis fuerzas encontrar a mi familia pero eran tantas las caras que miraba a todos y no podía ver a nadie. Hasta que escucho a mi tío Jorge, hermano de mi padre, que me grita y me abraza con una inmensa alegría, estaba realmente emocionado. Detrás de el, mi padre con los brazos abiertos me dice "Hermanitooooo" y nos fundimos en el abrazo más fuerte y apretado que puedo recordar. Así continué encontrándome con todos mis seres queridos, mi madre, mis hermanas, mis amigos... Todos los que creí que no volvería a ver. Llantos mezclados con risas, nervios y calma juntos. Esa mezcla de sentimientos opuestos por un lado pero que llevan al mismo final: ¡¡¡la emoción de estar vivo!!!

Poco a poco también tendría que encontrarme, buscar al Fabián que se fue, y reencontrarme con el nuevo yo. Aprender a vivir con una guerra en mi historia.

Llegamos a casa y lo primero que hice fue correr al garaje a ver mi moto. Papa nunca le había hecho arreglar los cables que le pedí, ¡pero qué bueno era que esa fuese mi mayor preocupación nuevamente! Subir a mi *Triumph* 500cc *Tiger* y salir a dar una vuelta fue la coronación de mi libertad ese día. No quería hablar y poner en peligro a mi familia, me callé mucho tiempo más del que debía. Se terminaría convirtiendo en mi historia menos contada.

Para los que habían quedado acá tampoco fue fácil por supuesto. Papá me contó que cuando se entera que los franceses que habían estado con nosotros en Georgias llegan al puerto de Buenos Aires va corriendo a verlos para intentar obtener noticias mías. Ellos lo recibieron con abrazos y hablando bien de mí, claro en francés… Ni bien entra al barco de ellos lo primero que reconoce es el dibujo que yo les había regalado antes que partieran. Ellos le repetían una y otra vez que no sabían nada de nada pues habían dejado la isla unos días antes que nos tomaran prisioneros. Me contaron que le caían lágrimas todo el viaje de regreso a casa. Hoy en día como padre puedo imaginar lo terrible que debe haber sido para el. Hasta la culpa que debe haber sentido, después de todo el me había autorizado a quedarme ese mes para vivir una experiencia diferente.

Mientras tanto en un almuerzo con Jorge (quien había hablado con su abuelo en el juego de la copa) me cuenta que su papá cuando pasaron varios días sin noticias nuestras hizo la denuncia ante la Cruz Roja para pedir información y averiguar de nuestro paradero, y que a la hora lo llamaron diciendo que el día de la invasión había habido un muerto, no le dieron nombre. Pero bastó saber de esa baja para sufrir una fuerte descompensación que casi lo lleva a la muerte.

Desde ahí comenzó una nueva historia en mi vida.

No era exactamente como lo había imaginado. En mi casa no se tocaba el tema de la guerra. Como si no hablarlo fuera a hacer que desaparezca. Vivía en ese momento en Santos Lugares y por ahí pasaban los helicópteros a la base de Palomar. Me contaron que me tiraba cuerpo a tierra cada vez que escuchaba uno. En verdad no recuerdo nada de eso ni de mis largos silencios.

Me sentía observado por mi familia, estaban todos pendientes de mis actitudes y mis acciones.

En mi círculo de amigos, las frases como: "¡Bueno ya pasó!", "Ahora a mirar para adelante", "Menos mal que estás vivo", "Yo me hice voluntario", o "Te envidio, sos un héroe", se hicieron las más frecuentes y reiterativas. Está claro que no había maldad detrás de ellas, en un intento por ayudarme a superar lo vivido. Paralelamente a esto, a los pocos días de llegar empiezo a recibir amenazas acusándome de una estafa supuestamente en EEUU con mi cédula. Llevó bastante tiempo hasta que se logró aclarar el problema, pero mientras tanto, no podía dejar de repasar en mi cabeza si había dicho algo o alguien me había delatado acusando que haya dado información que no debía. Hace poco me di cuenta, como cuando nos cae una ficha, que seguramente no fue ninguna estafa, sino que eran los servicios de inteligencia buscando la manera de hacerme sentir vigilado. Varios motivos me hicieron notar esto: Primero, me buscaban como Fabián Costa no por mi primer nombre como figura en la cédula. Segundo: pasaban y llamaban a la casa de mis amigos diciendo que habían encontrado los papeles de mi moto que se me debían haber caído y querían dármelos. Tercero: a otro amigo que se encontraba haciendo la colimba un coronel lo interrogó presionándolo para que dijera mi paradero. Información que no pudo obtener. Siendo una empresa de EEUU a la que se realizó la estafa, ¿cómo sabían los teléfonos de mis amigos?

¿Y cómo diablos sabían que tenía una moto? Pero bueno eso recién hace menos de un mes de escribir este libro es que caí en cuenta de cómo fue. Mientras tanto en aquel entonces seguía el miedo, el desconcierto y la bronca de estar viviendo esto.

Llevó bastante tiempo hasta que se logró aclarar el problema, pero mientras tanto, no podía dejar de repasar en mi cabeza si había dicho algo o alguien me había delatado acusando que haya dado información que no debía. En fin seguía el miedo y la bronca de estar viviendo esto. Muchos días estuve escapando de la policía y yo ni siquiera había estado en el continente cuando se había realizado la hipotética estafa de la que me acusaban. Pero era como si siguiera escapando para salvarme. Me voy a Mar del Plata escapando mientras mi tío juez en ese momento averigua que era lo que pasaba. Por fin, el pudo ayudarme y se termina comprobando que no tuve nada que ver. Pude volver a casa…

Mirando las noticias, veo el hundimiento del buque *Antílope*. No pude evitar en pensar en aquel guardia inglés buzo táctico con el que charlé un par de veces. Tenía solo 19 años. Y había muerto. Las noticias de la guerra eran exitistas, yo había estado y sabía que mentían desde el principio. El buque *Bahía Buen Suceso* dejó su cuerpo también en Malvinas, las malas noticias eran muchas.

Por otro lado era algo así como un famoso, en los boliches o pubs mi presencia se hacía saber, si la policía me paraba en mi moto por no llevar casco o no tener licencia para manejarla dejaba de tener importancia al momento de decir que era Veterano. Estaban los comunicados que diariamente los escuchaba y mi familia y amigos me decían: "Dejá de escuchar, así no se te va a pasar más"… ¿A pasar? Como si fuera una gripe que en una semana desparece.

Un día mis amigos deciden hacerme una fiesta de bienvenida en la casa de uno de ellos. Al llegar era un mundo de gente. A muchos conocía y otros ni idea. A los minutos de entrar a la casa una chica se acerca con una torta de bienvenida. Quien iba a decir que aquella chica que yo había idealizado mientras era prisionero y la había inventado como novia después de haberla visto una vez estaría viniendo hacia mi cargando esa torta. Ese mismo día la invité a salir y así lo hicimos por cuatro años... Hoy en día creo firmemente en la ley de atracción por ese hecho.

Los primeros heridos de la guerra empezaron a llegar a Buenos Aires y comencé a visitarlos a diario. Solo con ellos me sentía realmente cómodo, solo ellos podían entender de verdad lo que había vivido. Si bien estaba rodeado de afectos a diario, me sentía muy solo. No me sentía entendido, por más que intentaban contenerme de todas maneras. Insistían en que "olvidara" el tema y siguiera adelante y lo único que conseguían con eso era que mi soledad fuese cada vez más intensa.

Mis amigos me decían una y otra vez: "Estás raro", "¿Estás bien?". Las familias me preguntaban acerca de lo que había vivido, pero por más que les contaba me daba cuenta que nada de lo que les intentara transmitir lograría que lo sintieran. No importa que tanto lo intentara, las experiencias son intransferibles... No es desinterés del oyente o falta de oratoria del que lo cuenta. Es simplemente intransferible.

Apenas habían transcurrido unos quince días de mi llegada y se realiza el clásico sorteo de esa época para hacer la colimba. Sale mi número, el 883 (astronauta). Me dirijo al cuartel el día que debía presentarme. Y nuevamente me sentí prisionero, sectorizado y dividido. Por numeración nos separaron en grupos y nos mandaban en diferentes colectivos a cada área del regimiento.

Ya estábamos todos en calzoncillos cuando entra un sargento mayor gritando:

—¡¿Quién es Costa Roberto Fabián?!

—Soy yo, le contesto.

—Vístase y venga conmigo. El Coronel quiere verlo...

Me vestí y cuando comencé a caminar detrás del sargento me pide que camine a su lado.

—¿Usted es Veterano de Guerra no?

—Sí señor.

—Es un honor para mí conocerlo

Me hace la venia y continuamos caminando.

Llegamos a la oficina y cuando abre la puerta el coronel me saluda también con una venia, me da la mano y me hace pasar.

—Usted es un héroe de la patria. Es un honor para mí tenerlo aquí, me dice. —¿Estuvo en Georgias?

—Sí señor. Luego estuve prisionero por un mes.

Continuó la charla con muchísimas preguntas sobre mi experiencia, hasta que en un momento le dije que no quería hacer la colimba. No podía estar cerca de gente armada. Todo el tiempo estaba a la defensiva y en actitud de alerta. Temía desarmar a alguien y matarlo. Yo solo quería estar en paz con mi familia y amigos. Intentó persuadirme de mil maneras. Sus hijos estaban todos haciendo la carrera militar. Uno de ellos ya estaba en Malvinas y el tenía en su oficina el bolso listo para partir cuando fuese llamado. Me propuso hacer la colimba sin instrucción militar. También me negué. Y me advierte que entonces debería dar notificación a sus superiores para que se me enviara a tratamiento psicológico por un mes. Y estuve de acuerdo con eso.

Desde ese entonces cada día me pasaban a buscar por casa y me llevaban al hospital militar para que conversara con un psicólogo. Me hacían electro encefalogramas, test de todo tipo, preguntas y más preguntas.

Así que cada día luego de las sesiones con el psicólogo me iba a recorrer las habitaciones de los soldados que habían llegado. Y comenzó otra realidad. Algunos habían perdido miembros de su cuerpo, otros habían vuelto con serios trastornos psicológicos. Pero de alguna manera el que pudiésemos hablar entre quienes habíamos experimentado lo mismo hacía que nos sintiéramos acompañados, entendidos y por sobre todo contenidos. A su vez uno se sentía también útil para otros, ¡y si vieran lo importante que es eso! Porque sabía perfectamente lo bien que se siente ser escuchado y comprendido. Es como hablar el mismo idioma. Tantas veces uno escucha la palabra "empatía" pero es tan difícil encontrarla, es tan sanadora y necesaria. En esos momentos no había nadie que pudiese representarla mejor que otro Veterano de Guerra.

Capítulo 6
LAS CARTAS QUE ESPERARON MI REGRESO

Una tarde pocos días después de mi llegada, me encontraba en mi cuarto cuando entra mi padre con un folio en la mano. Se me acerca y mientras la abría me decía: "Muchos te escribieron cuando no estabas. Y me entregaban las cartas a mí para que te las enviara." Estiró su mano y me dio todas las cartas.
Lo miré a los ojos, bajé la cabeza y sin decir una sola palabra quedé observando fijamente lo que tenía en mis manos.
Papá dio la vuelta y cerró la puerta al salir.
Jamás las había podido mandar ya que las comunicaciones de todo tipo se habían cortado durante la guerra.
Aún las tengo conmigo y no puedo evitar volver a ese momento cada vez que las leo...
    Hace poco volví a leerlas una vez más y por supuesto los años nos enseñan a entender de otra manera lo que se escribió tiempo atrás.
    Mis amigos me decían que estaban haciendo lo posible para ir a la guerra, pues yo era famoso y considerado un héroe y ellos también querían serlo. Mis amigas se habían enlistado para ser enfermeras y poder también ser parte de Malvinas. Imposible no recordarlas con aquella edad y tratar

de imaginarlas enfrentándose a un soldado herido... Hoy al re leerlas pienso, en cuan inconscientes e inocentes somos a esa edad. Uno sin duda no dimensiona de la misma manera. De chicos no le tenemos miedo a nada, el mundo es nuestro y somos invencibles. Tal vez algún día logremos encontrar el equilibrio entre el miedo y la inconsciencia... Por ahora reconozco que no lo he logrado. Y siendo padre el miedo aumenta.

Pero otra cosa que me di cuenta al leerlas ahora, ha sido algo que me hizo pensar muchísimo y lo podría resumir en "la vida sigue..."

Cuantas veces nos preocupamos por cosas poniéndonos en un papel de imprescindibles en la vida de los demás. Supongo que todos saben en este momento a lo que me refiero. En las cartas al leer donde me contaban sobre el colegio, los retos de los profesores, el chico o la chica que les gustaba o que el mecánico estaba demorando demasiado en entregar el auto o la moto... cosas cotidianas de una vida normal. Y mientras tanto algunos otros en la guerra. No quiero que se mal interprete o piense que lo digo como crítica. Todo lo contrario. Lo digo porque justamente deberíamos intentar sacar nuestro "ego imprescindible" de nuestro ser. Porque aunque nos cueste creerlo, aun con nuestra ausencia, la vida sigue...

Carta de mi hermana Verónica

Buenos Aires 3/4/82

Querido hermano:

¿Qué tal? ¿Seguro muriéndote de frío no?, te comunico que has salido en la tele (¡Y YO NO!) realmente saliste muy bien y el diálogo de papá con César Mascetti (Telenoche-Canal 13) lo grabé. Estábamos haciendo una carpeta con todos los recortes del diario, hay cualquier cantidad.

Ayer cuando saliste en la tele, María Soledad, te vio y dijo: "Lo vi a Fabián pero no habla", estaba recontenta.

También ayer vino mamá muerta de miedo, se quedó un montón de tiempo mirando la tele charlando y llorando por vos (vos la conoces). Lo más divertido fue cuando llegó papá y vio a mamá con Ivonne, no entendía nada, pero la pasamos muy bien.

Disculpame si no te escribo bien y repito mucho, pero me voy acordando poco a poco.

También ayer fuimos hasta el colegio para ver si teníamos clases y no hubo. Entonces como estábamos cerca de la casa de Marcela fuimos hasta allá. No te imaginás la cara de Marce cuando vio entrar a mamá y a Ivonne juntas no entendía un que soto. Para colmo mamá e Ivonne se mataban de risa porque durante el día se bajaron una botella de vino blanco de ¾ y un vaso de whisky. Pero no te preocupes que mamá está muy bien y bastante tranquila.

Ayer 2 de abril se supo definitivamente que los argentinos desembarcaron en Malvinas. No te imaginas el furor que hubo. ¿Te acordas del mundial? Bueno fue peor, la plaza de Mayo era un hormiguero, no entraba un alfiler (como Mardel en verano). Todos esperando que decía el presidente. Y cantaban un montón de canciones: "Peloteo peloteo hoy le damos a los ingleses y mañana a los chilenos"; otro: "el que no salta es un inglés".

Hace un tiempo fuimos a avisarle a Edy que te mande cartas y que le avise a todos, y empezó a divagar dijo que ibas a volver hecho un héroe y que ibas a ir a Inglaterra a conocer a la reina. Bueno ya lo conocés.

Acá están llamando cada 5 minutos chicas preguntando por vos, ¿qué les decimos? ¿Hay algún nombre en especial? Los otros días Pablo Costa llamó a lo de la abuela y ella comentó que se había enterado que vos estabas allá. Y Pablo le dijo ¿dónde está? Y ella le contestó en el sur, y le contestó: ¿qué pasa en el sur? En fin, no estaba enterada de nada.

Te comunico que el cana (Claudio) sigue llamando (no te asustes) le dije que no quería verlo mas, pero insiste, llama y corta.

Tu moto el lunes se la lleva al taller como vos pediste. Los chicos de la cortada te mandan saludos. Que te van a escribir.

El otro día en la clase de formación cívica, el tipo me preguntó sobre alguna noticia nacional y gracias a ustedes me salvé la clase, lo dejé con la boca abierta. Quedé como que me tragaba los diarios. No sabés lo HDP que es el de matemática, si no te sabés un ejercicio empieza a putearte, salame, imbécil. A mi todavía no me puteó.

En el colegio me encontré con Mariana Castagnino, y Héctor el de la perfumería. Con Héctor el otro día le sacamos el cuero a Edy a más no poder (nos matamos de risa). Saliste 2 veces en el diario (Edy lo vio) pero hay un problema, en uno aparecés como Fabián Juan Costa y en el otro como Fabián Costra, pero ya saben que sos vos.

Los recuerdos que me mandaste están buenísimos, pero una cosa, no soy adicta (por la jeringa). Papa creció como 2 metros de alto y 5 de ancho (por lo agrandado) al mostrar tu foto y hablar de vos en la tele.

Seguramente cuando vuelvas los periodistas no te van a dejar en paz.

En el diario aparecen los nombres de todos ustedes (los 39 o 40). Aparte en la tele hablan constantemente de los 40 trabajadores que están en Georgias del Sur (son todos famosos).

Algunos títulos de los diarios: "Euforia popular por la recuperación de Malvinas", "Reagan: yo creía que no lo iban a hacer", "Apoyo popular a la reconquista de Malvinas", "En las Georgias la operación militar desplegada por la infantería de Malvinas con asiento en la ciudad de Río Gallegos, le brindó además la protección necesaria a los 39 operarios argentinos que como se sabe, habían sido comunicados por las autoridades de Gran Bretaña para que abandonen el lugar". (Comentalo).

Puerto Stanley ahora se llama Puerto Rivero. "España apoya la integración de las Islas del Sur"

También salieron en las revistas: Gente, 7 Días, Radiolandia 2000, TV semanal, etc. En todas.

Bueno cambiando de tema, nosotros estamos todos muy bien y aparte muy contentos de que estés allá. Que es una experiencia muy linda. Te mandan muchos saludos todos, abuela, abuelo, Jorge, (estuvo aquí), los tíos, Pablo, María Soledad, te extrañamos todos. Especialmente papá, mamá, María Soledad y yo. Tu tío Yony, tuvo otro hijo varón se llama Juan Manuel (ya son 5). Saludos para todos los que están allá especialmente para vos Jorge y Carlos. Chau muchos besos cuidate y volvé rápido.

Verónica.-

Pd : recién saliste otra vez en la tele. (3/4/82) (16:24 hs) (Salís a cada momento).

Carta de Lilian

6/4/82

Querido Fabián:

¿Cómo estás? ¿Qué hacés tan lejos? Acá las cosas están bastante bien, preparándonos para ir con vos en cualquier momento (como enfermeras) ¿qué tal? ¿Te imaginás a nosotras 2 en las Malvinas o en las Georgias? Ni los pingüinos nos darían bola. A nosotras nos contó Edy que te fuiste a laburar, que si es por vos nada.

Te llamamos para tu cumpleaños y no estabas. Por eso ahora te decimos Feliz cumpleaños.

Si te tenemos que contar que hacemos nosotras no es mucho, (abogacía por ahora nada más).

Fabián si podes escribínos y contanos que hacés y cómo estás. Y lo que más nos interesa es saber cómo se te ocurrió quedarte allá.

Las cosas parecen estar bastante jodidas, por eso esperamos que vuelvas.

Bueno: esperamos que no te olvides que allá en el norte, más exactamente en Buenos Aires, Vicente López, hay 2 pequeñas chicas que te quieren y desean lo mejor para vos.

Un besote de Lili y Adriana

Pd: besos de Adriana Castro también.

Carta de Eduardo Iglesias

Querido Fabián:
Como verás la situación actual, todos tenemos que asumir toda nuestra responsabilidad. Los guapos al Sur y los Eduardos a Colombia. Ahora fuera de joda espero que te esté yendo bien y regreses lo antes posible, te deseo lo mejor y espero que escribas.
Un abrazo

Eduardo.-

Carta de Marcelo Mazaro

Fabián: un fuerte abrazo para descongelarte es lo que te ofrezco, te felicito por tu actitud tan heroica defendiendo tu tierra. No sé si estarás enterado de todo lo que pasa, tanto como política, económica y socialmente. Pero puedo garantizar que pareciera que despertaron varios por una causa como esta. Espero que lo pases lo mejor posible y que pronto nos reunamos en esta prestigiosa esquina con tu Triumph (brrrr inglesa) y las anécdotas. Disculpá la pésima letra pero las mesas de la Niza son un flan
Suerte, saludos y hasta pronto

Batería.-

Carta de Marcelo Villagra

Buenos Aires 8/4/82

¿Cómo estás muchacho loco? Espero que estés bien.

Acá estamos todos muy bien. ¿Qué tal la Georgias? La verdad te felicito por tener los huevos por quedarte allá. ¿Cuando volves? Espero que vuelvas rápido y que no te quedes a vivir allá.

Ayer a la tarde estuve con Edy Corominas y fue él el que me dijo que tu viejo iba a pasar por la casa de el antes de irse. Entonces escribí esta carta para que te la lleve y se la de a tu viejo para que te la llevara. ¿Sabes una cosa? Ya saqué el registro para conducir autos así que no tengo que llamar más a Rodolfo o a Pablo.

El lunes 5/4 estuve en lo de Luis Merea, este nos estuvo buscando porque se comprometió y quería que le pasáramos música.

Dice que anduvieron por todo Melián menos en la cuadra de casa. El lunes 5/4 también fui a lo de Marta y como no estaba fui a lo de Virginia y tampoco estaba. ¿Te acordas de Marta y Virginia no? ¿Como para no acordarte? 2 minas de Martínez en una bombonería no te encontras todos los días.

El domingo 28/3 fui al autódromo a ver la carrera de puntaje para el campeonato mundial de motos. Fuimos José, el hermano, el primo, Alejandro y yo. Fuimos a boxes sin pagar un mango porque nos invitó la policía motorizada. Y había unas minas que si estabas vos te metían preso. Las motos eran unas bestias, las 500cc llegaban a 305 kmt/h.

Bueno Fabián, te mando un abrazo muy grande, y otro de los chicos Rodolfo Degano, José y el gallego.

Espero que la pases bien y vuelvas pronto.

Marcelo Villagra

Pd: por favor volve pronto que tengo ganas de verte

Carta de mi abuela Lucy

18/4/82

Querido Fabián:

Nunca hubiera pensado que te iba a escribir a un lugar como el que estás, tan lejos. Por Carlos se que estás muy bien y contento pero no deja de preocuparme, cuidate.

Me imagino todo lo que tendrás para contarnos cuando vuelvas, las experiencias vividas, yo creo que nunca te habías imaginado que ibas a vivir todas estas cosas, ¿no es cierto? ¿Cómo te trata el frío? ¿Te acostumbraste ya?

Por aquí todos bien, pendientes de las noticias, rogando a Dios que no suceda nada y que toda la muchachada pueda volver a sus casas. No sé si ves televisión, supongo que no. Te puedo decir que la euforia es total y hay mucho entusiasmo por la toma de las Malvinas, se han presentado muchos voluntarios que quieren ir para allá. Yo pensé que lo iban a llamar a Pablo pero no fue así. Tiene que presentarse para el 3 de agosto salvo que lo lleven para instrucción antes de la fecha.

Hablé con tu mamá, anda muy preocupada y ya le gustaría tenerte de vuelta. Hoy estuvo Carlos con Verónica, te extrañan mucho. Verónica me cuenta que tuvieron una clase de instrucción Cívica en el colegio y que de tanto hablar del lugar en que estas y las Malvinas se sacó un 10, ¿qué te parece? Y creo que todos hemos aprendido o por lo menos recordado parte de la historia Argentina. Algo es algo.

Bueno nieto cuidate que queremos verte de nuevo. Cariños de todos, besos de tu abuela.

Lucy

Carta de Pablo Protti

Buenos Aires 2/4/82

MI GRAN AMIGO:

No sé cómo decirte, si héroe, o como estás.

Te mereces un: ¿cómo estás amigo? ¡Sos un héroe nacional varón!

Espero te encuentres muy bien, aquí estamos con un poco de cagazo, yo en particular imaginate teniendo a mi mejor amigo lejos y encima re ahorcado. Pero sé que estas muy bien custodiado, tengo muy pocas noticias de vos porque resulta que cuando tu viejo llegó de las Georgias y traía noticias buenas tuyas concordaba que yo estaba en Gessell con el asunto del jeep que ya lo arranque. Después volví y ya no me pude comunicar con tu casa ni con la de tu mamá. Pero me dijo Edy Corominas, que estabas muy bien. Y me dijo que sabía por medio de Verónica por eso no pienses que no te escribí por olvidarme sino porque estaba enterado de todo. Después me fui al campo casi una semana y allá también estuve muy desconectado de las noticias. Acá de lo único que se habla es del problema este. Yo en el estudio casi me la paso vagando, todos me preguntan por vos, Marcelo Villagra, todos los chicos te mandan saludos, mi familia también. Alejandro no lo vi nunca más desde que salimos con vos y el.

Amigo te extraño mucho, tratá de volver pronto así planeamos una buena salida tipo a Gessell o a la Patagonia o bien a las Malvinas Argentinas, ¿cierto no?

Esto es un embole como siempre. Perdona por no haberte escrito antes, pero primero pensé que no se podía y después me enteré que si pero justo estaba en Gessell y en el campo. Igual te tuve presente todo el tiempo.

Estoy por comprar una chiclota también inglesa puajjj. Marcelo González está en la colimba. Dale amigo volvé así volvemos a nuestros desayunos conchetos en la Niza.

Saliste en el diario Clarín, como ultra sonidista y después salió tu viejo mostrando unas fotos tuyas en Telenoche.

Que tengas toda la suerte, que te merecés, volvé pronto y seguí luchando por la patria que serás retribuido de la mejor manera.

Un gran abrazo de tu "gran amigo". tené cuidado

Chau, Pablo

Pd: espero tener pronto noticias tuyas.

Carta de Marcelo Troisi

6/4/82

Estimado Fabián Costa:

Más de uno de nosotros quisiera estar en tu lugar, es un momento histórico y vos lo estás viviendo más de cerca. Fabián; "tripa corazón" agarra un fusil, ponete el casco y avantti. Ya pedirán voluntarios y nos veremos en el archipiélago. Leña a los piratas usurpadores ingleses.

Un abrazo.

Marcelo Troisi

Carta de Edy Echeparevorda (alias Bobina)

Querido Fabián:

Lo más que podría decirte que acá el tema Malvinas ocupa las primeras planas de los diarios, además de correr muchos rumores sobre los llamados de la reserva. De que hubo más bajas, etc.

Según los diarios, la flota inglesa estaría allá en 2 ó 3 semanas así que espero que los recibas con un buen asado ¿no? Hablando en serio, esperamos que no te pase nada. Pero si llegara algún momento difícil, no dudes en defender nuestros colores.

Te deseo la mejor suerte en todo momento, un abrazo.

Edy

Carta de Gustavo Corominas

Querido héroe:

Todo Belgrano espera tu arribo, los diarios te nombran, tu viejo salió por Telenoche y mostró una foto tuya en el obelisco. El quilombo es groso, ustedes fueron los precursores o la carne de cañón, pero lo importante es que por fin después de 149 años tenemos lo que es nuestro. Me imagino que te estás cagando de frío y de embole, pero pensa en la Nación, la OEA, la ONU, China, Rusia, Francia, Perú, Venezuela, EEUU y todos los países del mundo tienen puesta la mirada en esta acción. Que todos por más lejos que estamos, apoyamos hasta sus últimas instancias, termine como termine no importa, lo importante es que dimos el primer paso y todos detrás de ustedes, solo queda esperar la voluntad que tengan los ingleses para seguir adelante o dejar que la balanza de la justicia quede equilibrada. ¡¿Sabes una cosa?! Tenemos toda la razón del mundo y es justicia, porque después de todo, la justicia va tomada de la mano de la ley. Y ambos sirven a la verdad y nosotros la tenemos. Y por último, pensa que la verdad no es de quien la tienen sino de quien la puede demostrar y nosotros la podemos demostrar una y mil veces.

Bueno narigaznada, no te me pongas sentimental y no te creas lo de héroe, porque después de todo los héroes son los milicos y después todos nosotros.

Un abrazo.

Gustavo

Pd: tu viejo dijo por TV "Estoy orgulloso de mi hijo", tirate un lance por ahí te compra la moto ahora.

Otra carta de mi hermana Verónica
16/4/82

Querido Hermano:

En todo este tiempo que estuvimos separados pensé mucho en vos y lamenté demasiado nuestras peleas, aunque demoraban 5 minutos. En este tiempo aprendí a quererte y a extrañarte más.

Tengo muchas ganas de verte y estar con vos. No sé si supe demostrarte que te quiero como a mi vida o más. Que no soporto tenerte tan lejos aunque dentro mío estás muy cerca.

Temí mucho por tu vida, a pesar que tuve y tengo mucha fe y esperanza que vamos a estar juntos muy pronto. Rece mucho por vos y sigo rezando. Espero que cuando estemos juntos seamos dos hermanos de verdad y aprovechemos todo el tiempo que no supimos aprovechar.

Te quiero mucho.

Verónica.-

Mi amigo Luis Mones Ibáñez (escritor y guionista)

FABIÁN COSTA

Aunque eres el FABIÁN del mismo nombre, el de la misma identidad de aquel Belgrano, por pelearle a la vida mano a mano, poniendo huevos, hoy sos todo un hombre.

Te lo bancaste todo sin rendirte,
en las Georgias y Ascensión lo demostraste,
cuando preso de un inglés no te arrugaste
a pesar del infierno que visite.
Yo que pibe te vi, no tengo empacho
en declarar, jurando cual testigo
que te ganaste el DNI de macho.
Y que sigue iluminando tu sonrisa
la noche y la esperanza de un amigo
hasta darle si es preciso, la camisa.

Luis
14.01.93

Ver manuscrito original en el apéndice de imágenes blanco y negro.

Carta de Ivonne Zinni

Hola muchacho

Son muchas las cosas que tengo para decir de vos, y hay anécdotas simpáticas.

A mí me cuesta expresarlas, pero lo vamos a intentar.

Cuando te conocí, creo que la frase que te describía, era: "No puedo estar encerrado entre cuatro paredes" jajaja.
Lo cual hacía que tu viejo tenía que estar atrás tuyo en el tema colegio, porque el te llevaba y vos te ibas.
Carlos siempre me decía, y yo pensaba lo mismo, inteligentisimo pero de espíritu demasiado libre.
Creo que sabías el amor que te tenía, por eso siempre estuviste en sus prioridades.

Llegaste a casa, para estar más controlado, creo que nunca te pudo controlar, pero si querer. Eras como todo muchacho de 15/16 años, desordenado y medio vago.

Esta visión cambió totalmente después de las Georgias. Tu papá se sentía culpable por haberte dejado después de todo lo que pasaste ahí. Si volviste más maduro, a mi entender a un costo alto...

Te fue a buscar a Uruguay, muy orgulloso. Sufrías cuando pasaba un avión cerca de casa, así que te metías debajo de la cama. Desde mi mirada, eras mucho más maduro, mirabas las cosas de otra manera, le dabas importancia a otras cosas, te gustaba dibujar, tocar el saxo...

Tu papá te seguía con orgullo, y quería protegerte, le era difícil expresar los sentimientos, digo por no haber sido criado por una italiana como yo, jajaja. Pero siempre estabas en sus prioridades.

Lo que puedo decir yo, es que fue una buena experiencia haber compartido con vos casi diez años, en dónde te vi madurar, admirarte con el paisaje de las Georgias y los pingüinos, y la tristeza y el tenor de la guerra.
Por suerte fuiste superando despacio esta experiencia.

Ah me olvidaba, tu papá siempre me dijo que te había dejado pensando en que ibas a pasar una experiencia única en un lugar donde casi nadie había ido.

Carta de mi mamá, Martha Lavergne

Era un adolescente, alegre, bromista de muy buen humor, estudiaba y salía con sus amigos, como cualquier joven de su edad. Un día llegó la oportunidad de ir a las Islas Georgias a desarmar una ballenera, estaba muy entusiasmado, era una aventura, y vaya si lo fue, ya todos sabemos que pasó.

El gran día llegó, el puerto era una fiesta. Cuando lo encontré no era el.

Despedí a un adolescente y vino un hombre. Un hombre serio, callado, triste, ya no sonreía. Ese día se dedicó a la familia y amigos.

No se le preguntaba nada porque el no podía hablar de ese pasado.

Muy despacio se fue incorporando a la nueva vida, pero sin contar nada, era todo para el solo, y de a poco, mes a mes, día a día fue sacando todo muy de a poco. Recuperó su buen humor y su gran carácter.

Manuscrito original en el apéndice de imágenes blanco y negro.

Capítulo 7
EL DESPRECIO

Reinsertarnos en la sociedad fue mucho más difícil de lo que nadie puede imaginar. Ninguno de nosotros estuvo preparado para los que nos deparaba el destino a partir del 14 de junio cuando termina la guerra con nuestra rendición. Vivimos en carne propia lo que todos hemos escuchado alguna vez: "Los argentinos somos exitistas".

Y es así, en todos los órdenes. Da igual si es un deporte o una guerra. Si lo haces bien sos un ídolo, si te fue mal, sos lo peor. Desde ese día éramos prácticamente una vergüenza nacional, después de haber sido tratados como héroes cuando llegamos. Nosotros que habíamos estado dispuestos a dar nuestra vida por la Patria sin dudarlo por un instante; de hecho 649 héroes la dejaron en el campo de batalla y ya son más de 700 suicidios por abandono y negligencia de los gobiernos de turno. Nos convertimos de pronto en tema tabú. Nadie hablaba de la guerra, ni de nosotros, nos dieron el resarcimiento económico cuando llegamos después de más de dos meses, el cual me alcanzó para comprarme un pantalón de segunda marca. Trabajamos muy duro con y contra los gobiernos para que nos reconocieran y lograr lo que hasta hoy se ha conseguido. Y aun falta...

Nadie reconocía, o parecía importarles lo que había sucedido hacía tan poco tiempo. En el año 94 comenzaron a pagarnos una pensión, en mi caso me alcanzaba para pagar el gas. Y así pasaron años... demasiados; donde nos fuimos sumergiendo en el mas anónimo de los olvidos. ¡Y eso si que duele! La indiferencia duele, el desaire de toda la sociedad, de las instituciones, lastima lo profundo del alma. Nuestros soldados pedían limosnas en la calle, y les gritaban: "¡Anda a pedirle plata a Galtieri!".

Porque hasta el estado nos dio la espalda. Vivimos un vacío más doloroso en nuestra patria de regreso que en nuestros días de prisioneros o en la misma guerra. Cuando uno es ignorado vive una muerte lenta y mucho pero mucho más dolorosa.

Algunos tuvimos la suerte de poder continuar nuestras vidas. Con nuestros demonios, pero seguimos adelante. Otros fueron vencidos por ellos.

Cuando se cumplieron los 25 años de la guerra el Estado nos reconoce por primera vez. Fue una emoción enorme sentirnos reivindicados. Es confirmar después de todo este tiempo que nada de lo vivido ha sido en vano. Que las vidas que quedaron allá y las que decidieron más tarde que este no era más su lugar, no serán olvidadas.

En el 2016 por primera vez fuimos parte del desfile del 9 de julio, ante una multitud que nos trató con el respeto, el cariño y el reconocimiento que nos merecíamos. Y eso lo agradeceremos por el resto de nuestras vidas.

Ojala algún día, el tema Malvinas tenga el cierre que se merece. Creo que recién ahí la guerra habrá terminado para nosotros, y nos llegará la paz a nuestras almas.

Las secuelas, los fantasmas, las heridas físicas y emocionales nos acompañan por siempre. Sabemos que no las podremos curar nunca, sino que aprendemos a vivir con ellas cada día que pasa. Nos forjaron, nos hicieron más duros y más blandos a la vez. Más sensibles a las cosas simples; pero a esas simples de verdad. Al bañarse cuando uno tiene ganas por ejemplo; o que la ropa que vamos a vestir esté limpia. A disfrutar del sol cuando uno lo desee. Y cosas que son tan raras de imaginar, como ir al baño sin estar vigilado por un soldado. Que no haya alguien armado cuidando cada paso que damos. Y por sobre todas las cosas no imaginan lo que valoro la LIBERTAD. Cada cosa que viví, cada cosa que me quitaron en ese momento me convirtieron en la persona que soy. Y también estoy agradecido por ello.

Hace poco tiempo un amigo me dijo que el día que regresé, al verme en el muelle, notó que mi mirada era distinta. Según el no había vuelto el mismo Fabián que había despedido un par de meses atrás. Hoy después de 35 años puedo decir que es cierto. Creo que nadie regresa de la misma manera de este tipo de experiencias tan extremas. Claro que regrese diferente.

Una parte de mi quedó para siempre viviendo a miles de millas náuticas de mi hogar, solo, indefenso, lejos de todo, en una isla llamada Georgias…

Epílogo
ESCRIBIR POR AMOR

Desde el momento que empezamos a soñar con Fabián en el proyecto de este libro, comenzó también una revolución de sentimientos para ambos. Por un lado, conocer su historia, sentir de alguna manera el terror, y la desolación que vivió hizo que conociera la guerra desde otro lado. Al momento de iniciar la redacción sentí desde lo más profundo de mí ser que debía hacerlo en primera persona. Mi desafío era intentar sentir y transmitir cada sensación y emoción que vivió Fabian todos esos días. Creo que ha sido la mayor prueba de empatía por la que he atravesado. Yo tenía 9 años (cuando sucedió la guerra) en aquel entonces y vivía en una estancia a 50 kilómetros de Gualeguaychú. En la escuela rural a la que iba a caballo, mi maestra Alicia Giambra se encargó que siempre estuviésemos informados día a día sobre lo que sucedía. Recuerdo que hasta escribíamos cartas para los soldados tratando de darles aliento o de alguna manera contención desde la inocencia de un niño. Quien iba a imaginar en ese entonces, que 34 años después estaría escribiendo este libro, y estaría compartiendo mi vida con un Veterano de Guerra.

No puedo dejar de mencionar luego de escuchar, escribir, llorar y sentir esta historia mi más profundo orgullo, respeto y admiración a todos y cada uno de los HÉROES de MALVINAS.

Anexo
LAS ÚLTIMAS TRANSMISIONES DESDE GEORGIAS

La guerra de Malvinas fue uno de los eventos más trágicos de la historia argentina. Aunque la cronología de los eventos señala que el conflicto del Atlántico Sur comenzó el 2 de abril de 1982, todos los historiadores coinciden en que el primer acto de este drama tuvo lugar en las islas Georgias del Sur en marzo de ese año, cuando un grupo de operarios civiles desembarcó en Puerto Leith para desmantelar una factoría ballenera abandonada.

Lo demás es historia conocida

"Operación Paraquet" fue el nombre en código con que el Reino Unido designó sus acciones militares para retomar el control de estas islas, que culminaron el domingo 25 de abril de 1982 con la rendición de las tropas argentinas apostadas allí.

Acerca de las comunicaciones radiales de ese día, poco hay escrito, fundamentalmente basado en relatos. Lo que sigue es la transcripción de los momentos principales de las transmisiones de aquella tarde, incluyendo la última de ellas, la del final.

De acuerdo al relato los indicadores serían los siguientes:
01: "Guillermo", oficial del Servicio de Comunicaciones Navales ubicado en la estación central en Buenos Aires. Buenos Aires
025: Estación de Río Grande, Tierra del Fuego.
034: "Rubio", oficial ubicado en Puerto Leith.
035: "Julio", suboficial a cargo de D100, la radio de la guarnición de Grytviken.
026: no identificada, ubicada en la isla.

Mediodía. El A.R.A. Santa Fe *está fondeado en Grytviken luego de ser atacado por un helicóptero inglés.*

Conversación entre 01 y 035. Comienzo de las transmisiones:

01: Quedar QAP las estaciones ¿R?
01: ¡Ahí Lagos[1]! Empezó a bajar y ahí un ventilador[2] le hizo bastante QRM. Se bajaron las cosas. El Cuatro Ruedas[3] en el que iba Lagos parece que tuvo serios problemas, y bueno entonces no sabemos nada que es lo que está pasando, y cuidate, ¿QSL?
035: Sí, acá estamos. Yo le claveé[4] una noticia, casualmente sobre el ventilador porque uno le estuvo haciendo aire, cambio.
01: ¿Me repetís qué es lo que dijiste?
035: Que claveé una noticia hace un ratito, porque hubo un bicharraco de esos jorobando.
01: OK, perfecto. Ahora yo estoy tratando de confirmar lo otro, lo de allá. Lagos aparentemente llegó, pero han tenido bastante derrapando por ahí, por el ventilador ese. No sé con

---

[1] Capitán de Corbeta Luis Lagos, Jefe de la Sección de Infantería de Marina transportada a las Islas Georgias del Sur por el submarino A.R.A. *Santa Fe*.
[2] Helicóptero.
[3] Submarino A.R.A. *Santa Fe*.
[4] Clavear: Codificar.

el susto, que es lo que ha pasado, y por eso me gustaría que vos estuvieras muy atento, pero yo quiero confirmarte para que si va de nuevo el ventilador le des... ¿QSL?

035: OK. Se interpreta que Lagos esta acá en la... *(no se entiende)*

01: Sí afirmativo, ¿vos sabías como llegaba Lagos no?

035: ... *(no se entiende)*

La estación central asume el control de las comunicaciones:

01: Prestar atención la red del SARA. Quedar QAP, en frecuencia. Únicas estaciones habilitadas a operar TB1, 01, 025, 034 y 035. El resto de las estaciones quedar QAP en frecuencia: 025, 02, TB1, aquí 01. Asumo control de esta red. Cambio.

El operador de radio de Grytviken informa que están siendo atacados desde el mar:

026: 025 aquí, 026. Informa 035 que está recibiendo fuerte cañoneo de un destructor, presumiblemente Exeter. Repito, está recibiendo fuerte cañoneo naval de un destructor posiblemente es el Exeter, ¿OK?

025: *(Con gran dificultad de recepción)* Aquí, cambio...

026: 1, 2, 3, 4, 5, 6, 7, 8, 9, 0. Adelante 025, 026.

025: Aquí 025, ¿cual *(frecuencia)* puede cubrir? Cambio.

026: ¡Únicamente esta, únicamente esta!

Desde Grytviken informan que el submarino A.R.A. Santa Fe quedó fuera de servicio, producto de los daños producidos por el ataque de un helicóptero en horas de la mañana.

025: 035, 025. Pregunto si me copia, cambio.

035: *(Retransmitido por dos estaciones)* Fuerte y claro. Lo copio fuerte y claro, adelante con el mensaje.

025: Aquí 025. Preguntarle cómo se encuentra el Cuatro Ruedas de Bicain. Si se fue o está ahí. Cambio.

035: *(Retransmitido)* Sin servicio.

025: Aquí 025, recibido. Pregunto cómo se encuentra Bicain. Cambio.

025: 035, 025 *(llama sin respuesta)*.

En este punto de la grabación, la estación 035 deja de escucharse. Otras estaciones de la red, que sí la reciben solicitan al resto quedar QAP a la vez que retransmiten sus presuntas respuestas:

025: 035 025, aquí 025.

025: 035, ¿Cuatro Ruedas Bicain sin servicio? Cambio.

035: Afirmativo. Cuatro Ruedas sin servicio, ¿OK? *(retransmitido)*.

025: QSL

Grytviken informa la aparición de barcos de guerra ingleses a la entrada de la caleta.

01: R, ¿se metieron adentro o pispearon desde afuera?

D100: No, pispearon desde afuera.

01: ¿Cuántos eran che?

D100: Dos.

01: ¿Qué pinta tenían y de qué color?

D100: QAP. Dos naranjas. Cambio

01: OK ¿El naranja será el Endurance?

D100: Sí.

01: OK R. ¿Y el gris es igual que la Santísima? *(Santísima Trinidad, destructor Clase 42 de la Armada Argentina)*.

D100: Igual. Casi igual.

01: OK.

Helicópteros ingleses se aproximan a Grytviken.

01: Julio…
D100: Sí, tenemos visitas.
01: ¿Tienen visitas?
D100: Sí…
01: ¿En que van, a pie?
D100: No, no. Unos ventiladores.
01: Háganlos mierda, che.
D100: Bueno, OK.
01: Contame…
D100: Al agua…
01: OK.
…
01: Adelante Julio.
D100: Parece que se separaron.
01: ¿Cuántos son?
D100: Uno
01: ¿Y se acercó mucho, o no?
D100: Al medio de la bahía, ¿copiaste?
01: No, no te agarré. Adelante
D100: En el medio de la bahía.
01: Ah, ¿y qué hace este?
D100: Asomaron el hocico. Se fueron para el otro lado.
01: ¿Las toronjas también?
D100: Se van para el norte
01: ¿Quién se asomó? ¿El ventilador o el Cuatro Ruedas?
D100: En tránsito para el norte. Cambio.
01: Repetime Julito, no me quedó claro. Por favor, cambio.
D100: *(ininteligible)*… siguió hacia el norte. Cambio
01: ok R
D100: ahora lo tenemos de nuevo por aquí, en el medio de la bahía. Cambio
01: OK R.
D100: Guillermo.
01: Sí, adelante Julio.

D100: Está haciendo reconocimiento. Cambio.
01: OK.
D100: Están pidiendo rendición en... *(ininteligible).*
01: ¿Quien se rindió? Cambio.
D100: Lo están pidiendo. Rubio dio la negativa. Cambio.

Grytviken informa de la rendición de un grupo ante tropas inglesas. Quien opera la radio se identifica como 035. Arnaldo LU3BU sugiere que a partir de las características de la transmisión - potencia y modo-, podría tratarse de un equipo de radio inglés, instalado una vez ocupada la plaza. La cronología no se correspondería con los registros siguientes:

D100: D100 con flash. Cambio.
025: D100, D100 aquí 025. Adelante con su tráfico. Cambio.
D100: Recibido. Como me escucha, cambio.
025: Lo escucho alto y claro, cambio.
D100: OK. Recibido. Confirme si recibe la siguiente información: hemos sido atacados por un fuerte fuego inglés y hemos sido tomados prisioneros. Hasta aquí. Cambio.
025: Aquí 025. Recibido. Cambio.
035: Recibido Las tropas inglesas entran en este lugar y solicitan que se le comunique a Trupaleta (¿?) que debe rendirse. De lo contrario, van a proceder, van a atacar con una fuerza muy grande. Cambio.
025: Aquí 025. Solicito me repita la última parte. Cambio
035: ¡Repito! ¡Solicitan las fuerzas inglesas que los que están con Trupaleta deben rendirse, dado que tienen fuerzas muy superiores y que en estos momentos los están atacando! Cambio.
025: Aquí 025, recibido. ¿Interpreto que usted es 035? Cambio.
035: Afirmativo. Grytviken, Grytviken. Cambio.
025: Aquí 025 recibido, inmediatamente comunicaré. Cambio.

035: ¡Solicito se comunique urgente con Leith y le diga que debe rendirse, porque si no será atacado muy agresivamente! ¡Para no correr riesgos solicitan que se rinda! Cambio.
025: Aquí 025 recibido. Cambio. *(sin respuesta)*
025: D100 aquí 025 queda atento… *(sin respuesta)*

Conversación entre Leith y Buenos Aires, refiere a una posible acción.

01: Adelante, Rubio… ¿qué decís?
034: Negativo, nada…
01: Allá la pasaron fiera los otros, QSL
034: OK
01: QRT
034: ¿Allá como la pasaron? Repetime.
01: Y, mal… le ataron las manos ¿QSL?
034: Ah, bueno.
01: Aquí Guillermo, ¿ellos empezaron ya?
034: Y… se están preparando. Están ahí enfrente, *(alistando)* armamento.
01: OK, ¿vos todavía no hiciste nada?
034: ¿Cómo?
01: ¿Vos hiciste algo ya?
034: Si querés lo hago ahora.
01: Si podes dale nomás.
034: Bueno OK.
01: Queda a tu criterio QSL.
…
034: No lo creo conveniente, está oscureciendo.
01: Procedé a tu criterio Rubio, procedé a tu criterio.
034: OK.
01: Procedé a tu criterio pero no te dejés madrugar. Dale con todo, ¿R?
034: OK.
…

01: Rubio, Rubio, Rubio, Guillermo llama…
01: Julio, Julio, Julio, Guillermo llama…
01: 02, 01.
…
01: Rubio, aquí Guillermo.
034: Aquí Rubio.
01: Ok, ¿cómo van las cosas che? ¿Vos crees que van a trabajar de noche?
034: ¿Cómo?
01: ¿Vos crees que van a trabajar de noche?
034: Yo pienso que sí.
01: OK, ¿y cómo andas vos para trabajar como gato?
034: ¿Cómo?
01: ¿Como andas vos para hacer de gato?
034: Más o menos.
01: OK.
01: ¿Le podes dar?
01: Che Rubio… ¿le podes dar a la naranja?
034: Y… está medio lejos.
01: Ah, bueno.

Conversación entre Grytviken y Buenos Aires que refiere a una posible acción.

D100: Aquí Julio
01: ¿Julio habla?
D100: Sí, OK.
01: ¿Que decís Julito?
D100: *(ininteligible)*
01: ¿Se está poniendo oscuro?
D100: Sí, se está poniendo oscuro.
01: OK
D100: Aparentemente son muchos.
01: ¿Cómo?
D100: Creo que van a ser muchos. Cambio.

01: ¿Llegan a pie?
D100: Sí, por tierra.
01: R
D100: Por aire también.
01: ¿Vos ves que vienen por tierra?
D100: No… pero supongo.
01: OK, ¿levantaron los ventiladores en otro lado?
D100: Sí, aparentemente sí.
01: OK.
D100: *(ininteligible)*
01: ¿Cómo está el terreno por ahí? ¿Está preparado?
D100: Sí.
01: R

Último registro de la grabación. Correspondería a la transmisión final previa a la rendición.

D100: Nos atacan. Rompo todo los civiles se van para atrás.
01: Repetime "los civiles…" Repetime, Julio…
D100: Nos atacan. Los civiles se van para Stromness, yo rompo todo.
01: OK, ¿te vas vos también?
D100: No, negativo. Yo me quedo por aquí.
01: Bueno, macanudo. Che, ¿está tirando la fragata?
D100: ¿Cómo?
01: ¿El Exeter está tirando?
D100: La fragata ya apuntó para acá.
01: Bueno, perfecto.
D100: Bueno, OK rompo la radio.
01: Bueno… ¿cuando la rompes?
D100: Ya, ya mismo.
01: Bueno y los pacos che. Hace bolsa los pacos también ¿QSL?
D100: OK.
01: Un abrazo grandote, Julito. Un beso para todos.

D100: OK.
01: Chau, hasta luego.

La grabación finaliza con la voz de una estación no identificada que grita al aire: ¡VIVA LA PATRIA!

ÍNDICE

Prólogo.. 9
Por el Capitán de Fragata (R) VGM Horacio Bicain
Introducción.. 11

Capítulo 1... 15
Zarpamos
Capítulo 2... 21
Llegamos a Georgias
Capítulo 3... 43
Vamos por Georgias
Capítulo 4... 51
Llegaron los ingleses
Capítulo 5... 73
Volvemos a casa
Capítulo 6... 85
Las cartas que esperaron mi regreso
Capítulo 7... 101
El desprecio
Epílogo... 105
Escribir por amor
Anexo... 107
Las últimas transmisiones desde Georgias

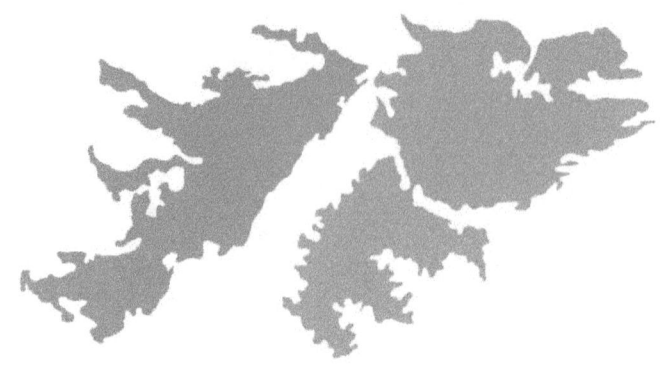

COLECCIÓN MALVINAS

33 AÑOS DESPUÉS,
VGM José L. Castellani
La Historia de un regreso. Un Infante de Marina que 33 años después regresa a las islas junto a sus camaradas. Sus recuerdos en un ida y vuelta que nos sumerge en la vida de un hombre que enfrentó a su destino y nos cuenta lo que sintió al pisar suelo malvinense y reencontrarse con sus recuerdos.

649 ETERNOS CENTINELAS DE MALVINAS,
Armando S. Fernández
El emocionado relato de los Veteranos de Guerra que muestra con orgullo una semblanza de los 649 Héroes de aire, mar y tierra, que cayeron en defensa de nuestra soberanía.

AL BORDE DEL HOLOCAUSTO NUCLEAR,
Jorge Muñoz
Un excelente libro de Geopolítica que responde interrogantes con la autoridad de quién se ha documentado durante años. Imperdible por donde se lo mire y por sobre todas las cosas por fácil lectura. Un libro que nos hará reflexionar sobre un tema que está abierto a la discusión.

APOSTADERO NAVAL MALVINAS,
Jorge Muñoz
La historia del Apostadero Naval Malvinas, la unidad naval que comenzó a operar el mismo 2 de abril y continuó haciéndolo hasta el final de la guerra. Sus hombres realizaron todo tipo de tareas y recorrieron las islas llevando todo lo necesario a los puntos que les era requerido. Es casi un libro de aventuras pero con la salvedad de que todo pasó en la realidad brutal que significa la guerra.

BARCOS HOSPITAL,
Jorge Muñoz
La participación de la Sanidad Militar durante la guerra de Malvinas. La historia nos cuenta vivencias, temores y ansiedades, de hombres y mujeres en medio de la zona de guerra. Es la historia de los llamados soldados de blanco que no cejaron de cumplir con su deber con sus armas: el bisturí, las vendas, el estetoscopio o la palabra de aliento para el soldado herido que muchas veces valía más que mil remedios.

BRAVO 25 UN PUÑADO DE VALIENTES,
Carlos A. Gigliotti
La Compañía C del RI25 se destacó en la batalla de Darwin y frente al desembarco inglés durante la campaña de Malvinas. ¿Quiénes fueron esos jóvenes soldados que estuvieron a las ordenes de jóvenes oficiales que asombraron hasta al propio enemigo? Más de 10.000 kilómetros recorridos con más de 60 entrevistas y más de 100 horas de grabación a Veteranos de Guerra del RI25, forman la historia de esta Compañía que se cubrió de gloria en la turba de Malvinas.

CRÓNICAS DE GUERRA,
VGM Alejandro J. Betts Goss
Alejandro J. Betts Goss es un isleño que abrazó la ciudadanía argentina y fue el único que colaboró hasta el fin de la guerra con las tropas argentinas. Hoy es un defensor de la Causa Malvinas ante el mundo.

DIOS EN LAS TRINCHERAS,
Capellán VGM P. Vicente Martínez Torrens
En medio de la guerra, del dolor y de la muerte, con valor y coraje, el Padre Vicente Martínez Torrens estuvo llevando la palabra de Dios en el fragor del combate. Esta es su historia.

DONDE YACEN LOS RECUERDOS,
Cnl My VGM Lautaro J. Jiménez Corbalán
Una historia donde la realidad se mezcla con la ficción con el trasfondo de la posguerra de Malvinas, y donde el valor resalta luego que la cobardía y la necedad se rinden.

ECOS EN LA NIEBLA,
Com (R) VGM Oscar L. Aranda Durañona
Atrapante novela sobre la Guerra de Malvinas. Personajes reales, situaciones reales y una trama que hasta el final del libro no sabremos si es ficción o no.

EL COMBATE DE INGENIEROS EN MALVINAS,
Cnl Edgar F. Calandín
Este libro que se publica con la colaboración de la Comisión del Arma de Ingenieros, contiene los hechos más salientes de las Unidades de Ingenieros durante el conflicto de Malvinas.

EL COMBATE DE LAS 12,7 EN MALVINAS,
Sub My (R) VGM Humberto S. Henriquez
Un libro de guerra. El estremecedor homenaje del encargado de las ametralladores 12,7 mm hacia sus soldados. Un libro donde el heroísmo y el dolor por el amigo caído lo hacen destacable en la Colección Malvinas.

EL LLAMADO,
Cnl My VGM Lautaro J. Jiménez Corbalán
Año 2076 la Tierra es inhabitable y en algún lugar de la Vía Láctea la humanidad resurge y se reorganiza. Pero una misión debe regresar a la Tierra… y a Malvinas.

ESCUADRÓN FÉNIX,
Jorge Muñoz
Una historia heroica. La de los pilotos civiles y militares que combatieron en Malvinas sin armas, exponiéndose para abrir camino a los aviones de ataque. Incluso se cubrieron de gloria en este Escuadrón dos pilotos ingleses. Un libro que de la primera a la última página se encuentra marcado por la constante tensión. Incluye fotografías e ilustraciones color.

HALCONES DE MALVINAS,
Com (R) VGM Pablo M. R. Carballo
Todo lo ocurrido en éste libro ha sucedido en la realidad y los relatos se ajustan estrictamente a hechos verídicos. Tiene la virtud de recopilar experiencias recogidas durante o apenas finalizada la guerra, con la sangre aún caliente y los recuerdos recientes. Son los relatos de los hombres de la Fuerza Aérea Argentina. Incluye fotografías color.

HASTA EL ÚLTIMO AVIÓN,
Claudio S. Bartolini
Este libro conlleva más de 10 años de investigación con reportajes a una gran cantidad de pilotos y mecánicos de todos los sistemas de armas de la Fuerza Aérea Argentina. Pensado como un guión de cine, se plasmó en un libro sencillamente espectacular por su documentación y ritmo constante que atrapará al lector haciéndolo participar en cada misión de guerra sobre las islas Malvinas. Y también sentirá la sensación de lo que significa… "Hasta el Último Avión".

INSTANTES ETERNOS,
Vcom (R) VGM Carlos F. E. Neme
Una novela de guerra que marca un antes y un después de un piloto de combate. Basada en hechos reales, los protagonistas aparecen de carne y huego mostrándonos la satisfacción por el deber cumplido y el dolor por el compañero caído.

ISLA BORBÓN - EL EQUIPO DE COMBATE MONTALVO,
VGM Javier E. Ramos
Es un diario. Es el minuto a minuto, el día a día, de un Infante de Marina en la guerra. Isla Borbón aparece ante nosotros a través de los ojos de su autor Javier E. Ramos perteneciente a la Compañía Hacha del BIM 3. Y por primera vez revivimos el combate contra los legendarios hombres del SAS (Special Air Service). Segunda edición ampliada y corregida.

LA BATALLA DE PRADERA DEL GANSO,
Oscar A. Teves
Un estudio detallado y profundo sobre una de las batallas más violentas del Conflicto del Atlántico Sur. Oscar A. Teves realizó un magnífico trabajo de investigación histórica donde nos muestra el desarrollo de una batalla en toda su magnitud y tragedia. Esta es la 3° edición corregida y ampliada, con mapas e imágenes color.

LA GUERRA INAUDITA,
Com (R) VGM Rubén O. Moro
13° edición de un clásico de la literatura malvinera. Libro de incalculable valor ya que abarca el Conflicto del Atlántico Sur desde el punto de vista político, geopolítico, geográfico y militar. Un material imprescindible para comprender los porque de una guerra colonial en pleno Siglo XX.

LA PASIÓN SEGÚN MALVINAS,
Nicolás Kasanzew
Este libro ofrece a todo color las fotos que el autor como corresponsal de guerra tomaba desde el frente de batalla en las Malvinas y que pudo ir sacando en forma subrepticia de las Islas. Las imágenes tienen, además del emotivo, un innegable valor histórico.

LOS HALCONES NO SE LLORAN,
Com (R) VGM Pablo M. R. Carballo
La historia de los 55 caídos de la Fuerza Aérea Argentina en el Conflicto del Atlántico Sur. Emocionantes relatos de los hombres que vivieron y compartieron esa parte de la historia con ellos. Con el aporte de familiares y amigos resalta el valor histórico testimonial de este libro. Incluye ilustraciones color.

LUIS Y LOS FANTASMAS,
VGM Oscar Ledesma

La lucha personal de un Veterano de Guerra luego del conflicto. Sus miedos, sus dolores, sus recuerdos, y una sociedad que le daba vuelta la espalda. Pero la vida le da una oportunidad que resalta a través de esta obra. Interesante novela escrita por el Soldado Oscar Ledesma, del RI 25, con prólogo del My (R) VGM Juan José Gómez Centurión.

MALVINAS - LA ÚLTIMA CAMPAÑA,
Ten Cnl Juan A. Scarpinelli

Un libro que faltaba en la literatura malvinera. La batalla del Monte Longdon vista desde los hombres del legendario Regimiento 7. Histórico regimiento que se batiera por la Independencia desde los tiempos de San Martín. Y en Malvinas se cubrió de gloria.

MALVINAS A SANGRE Y FUEGO,
Nicolás Kasanzew

La visión de la guerra descripta por uno de los periodistas más reconocidos de nuestro país. Nicolás Kasanzew, único reportero de la televisión y la prensa gráfica argentinas en el frente de batalla, nos lleva al centro de la noticia en forma directa y descarnada. Esencial material para entender el lado humano de los hombres que lucharon. Más de 90 mil ejemplares vendidos y esta su cuarta edición llega corregida y ampliada.

MALVINAS DESDE EL PUNTO DE IMPACTO,
Com (R) VGM Oscar H. Spath

El accionar del oponente británico, utilizando lo mejor de la tecnología disponible, atacaba el sector del Aeropuerto de día y de noche. De ahí el título: Malvinas, desde el punto de impacto. Como toda tragedia humana, mucho se ha escrito sobre Malvinas, mucho se escribirá aún y quizás mucho no se escriba jamás, pero con seguridad obras como la presente serán cada vez más escasas, tal como van desapareciendo las estrellas con el alba. El reloj de quienes pasaron por la prueba de Malvinas va agotando su arena. El lector encontrará en estas páginas un relato muy fiel y preciso, abundante en detalles de quien vivió los hechos en primera persona.

MALVINAS EN PRIMERA LÍNEA,
Cnl My VGM Lautaro J. Jiménez Corbalán
Considerado uno de los mejores libros del tema. Escrito por quién con sus 19 años y siendo Subteniente de Infantería "En Comisión" defendiera junto a su regimiento las alturas de los montes Harriet y Dos Hermanas en una las épicas batallas de la guerra de Malvinas. De lectura amena, se allana el camino para entender mucho de lo que se ya ha escrito. Es un libro de guerra, violento por momentos pero a la vez, el autor lo humaniza a través de las vivencias diarias junto a sus soldados. Sexta edición ampliada y corregida.

MALVINAS Y GEORGIAS LOS PRIMEROS VALIENTES,
TCIM (R) VGM Carlos R. Schweizer
Más allá de la Cruz del Sur. Año, 1982. Día 2, de abril. Lugar, Islas Malvinas. Desembarco, Playa Roja. La denominada Operación Rosario cuya misión era la recuperación de las islas Malvinas. Un libro contundente que relata los pormenores y desarrollo de los hechos escrito por uno de sus protagonistas, con testimonios de compañeros.

MEMORIAS DEL CAPITÁN DEL FORREST EN MALVINAS,
Cap Nav (R) VGM Rafael G. Molini
Un viejo barco inglés. Una tripulación argentina. El drama de la guerra en toda su extensión. Rafael Molini, el capitán del "Forrest", completó muchas misiones de guerra a la cual más peligrosa. El violento combate con un helicóptero inglés fue el clímax que vivieron los tripulantes del "Forrest". Un libro de guerra, ameno y descarnado que nos hará sentir parte de la misma tripulación.

MEMORIAS DE UN INFANTE DE MARINA,
VGM Reinaldo W. Rolón
Las vivencias de un Infante de Marina en dos conflictos que afrontó la Argentina en el Siglo XX. Nos llevará a la tensión de los momentos cuando el diferendo con Chile por el Canal del Beagle y también a los heroicos y dramáticos momentos de su participación en la Guerra de Malvinas.

PELOTA DE TENIS,
Dr VGM José A. Montivero
La historia de un médico naval en la guerra; pero también como un niño del interior se convierte en un profesional que en medio de una guerra cumple su juramento de curar a amigos y enemigos sin distinción. Un libro que tiene la magia de mostrar el lado humano de la guerra justamente por uno de aquellos que trató de salvar vidas en medio de las bombas. Imperdible.

PRISIONERO 12,
VGM Fabián Costa
En el Ojo de la Tormenta. El autor tenía 18 años cuando viajó a las islas Georgias formando parte de los obreros de la empresa Davidoff. Estuvo presente en los acontecimientos que derivaron en el conflicto del Atlántico Sur.
Documento importante de primera mano, nos relata la Historia antes de la Historia.

RECUERDOS TRANSPORTEROS - MALVINAS 1982,
Com (R) VGM Alfredo A. Cano
Uno de los libros referentes de la colección, y también uno de los más estremecedores. La historia de los pilotos de aviones Hércules. La legendaria "Chancha" que asombrara por sus arriesgadas maniobras a los propios ingleses. Este libro realza su valor al ser relatado por uno de sus jefes.

SECCIÓN GATO RI 25 - RECUERDOS DE MALVINAS,
VGM José L. Alarcón
La Sección Gato se cubrió de gloria en la Altura 234 frente al desembarco inglés en San Carlos. Su lucha desesperada y su épico repliegue. Contado por uno de sus hombres, con total realismo y en forma descarnada nos muestra el valor de la amistad y este libro es en sí un canto al coraje.

SOBRE EL RASTRO DE LA TASK FORCE,
Com (R) VGM Marcelo A. Conte
La increíble historia del Escuadrón Boeing 707 en su búsqueda de la Task Force que navegaba rumbo al Sur. El encuentro con la flota inglesa y los aviones Harrier. Los viajes hacia Libia e Israel. Todo relatado por uno de sus principales protagonistas. Con imágenes e ilustraciones color.

VIAJE AL CENTRO DE LA GUERRA,
VGM Oscar W. Doria y Emilio C. Duca
La conmovedora historia de uno de los hombres del ROA. Relatado en primera persona, reviviremos las arriesgadas misiones de estos hombres más allá de la primera línea de combate. Tal fue el respeto de los ingleses que hasta uno de sus jefes colaboró en este libro.

VOCES DEL VIENTO,
Norberto J. Laffusa
Historias de la Guerra de Malvinas donde la realidad y la imaginación transmiten intensamente la emoción de hechos impresionantes. Historias que se entrecruzan, que se comparten y que tienen un mismo fin: llegar al fondo del corazón humano.

EN EL OJO DE LA TORMENTA

Fabián Costa tenía 18 años cuando viajó a las islas Georgias formando parte de la empresa Davidoff.

Estuvo presente en los acontecimientos que derivaron en el conflicto del Atlántico Sur.

Documento importante de primera mano, nos relata la Historia antes de la Historia.

GRUPO
ARGENTINIDAD

ISBN 978-987-4191-11-3

www.ingramcontent.com/pod-product-compliance
Lightning Source LLC
Chambersburg PA
CBHW070702100426
42735CB00039B/2436